Dein Horoskop

Die Sternzeichen und was sie für Mädchen bedeuten

Dein Horoskop

Die Sternzeichen und was sie für Mädchen bedeuten

Ravensburger Buchverlag

Inhalt

Die westliche Astrologie 6

Grundlagen ~ Die Sonnenzeichen

Der Aszendent ~ Die Zukunft deuten

Der westliche Tierkreis 8

Die zwölf Tierkreiszeichen

Aktive und passive Zeichen

Die vier Elemente ~ Die drei Kreuze

Widder ~ Stier ~ Zwillinge ~ Krebs

Löwe ~ Jungfrau ~ Waage ~ Skorpion

Schütze ~ Steinbock ~ Wassermann ~ Fische

Die Bedeutung des Aszendenten 22

So bestimmst du deinen Aszendenten

Die chinesische Astrologie 26

Hintergrund ~ Yang und Yin

Die fünf Elemente ~ Die Deutung

Ratte ~ Büffel ~ Tiger ~ Hase

Drache ~ Schlange ~ Pferd ~ Ziege

Affe ~ Hahn ~ Hund ~ Schwein

Veda-Astrologie 34

Der siderische Tierkreis und die tatsächliche Sternzeit

Das Nakshatras-System der Mondhäuser

Die indianische Astrologie 36
Das Medizin- oder Erdrad
Die zwölf Zeichen des indianischen Tierkreises

Das keltische Baumhoroskop 39

Runenastrologie 40

Afrikanische Astrologie 41

Welches Zeichen bin ich? 42
Januar ~ Februar ~ März
April ~ Mai ~ Juni
Juli ~ August ~ September
Oktober ~ November ~ Dezember

Mein Horoskop ~ Monat für Monat 55

Die westliche Astrologie

Grundlagen

Schon seit jeher beobachten die Menschen den Himmel. Anhand der Planetenbewegungen erstellten sie Kalender für die Landwirtschaft, in denen wichtige Termine für das Aussäen von Pflanzen ebenso vermerkt wurden wie religiöse Feste. Mit der Zeit entwickelten sie ein immer raffinierteres System der Astrologie, das ihnen nicht nur erlaubte gute oder schlechte Ernten anzukündigen, sondern auch die Zukunft zu deuten. Bald begann man damit, anhand der Position von Planeten, die bei der Geburt eines Kindes am Himmel standen, Rückschlüsse auf dessen Schicksal und Charakter zu ziehen.

Die Sonnenzeichen

Wenn man sich in die Menschen hineinversetzt, die lebten, noch bevor das Sonnensystem entdeckt wurde, kann man leicht nachvollziehen, warum sie glaubten, die Sonne würde die Erde umkreisen und nicht umgekehrt.
Diese scheinbare Bahn der Sonne um die Erde bildet den so genannten Tierkreis, der in zwölf Tortenstücke unterteilt ist. Über jedes davon herrscht ein anderes Tierkreiszeichen: Je nachdem, vor welchem Teil dieses Tierkreises bei deiner Geburt die Sonne stand, bist du Widder, Stier, Zwillinge, Krebs, Löwe, Jungfrau, Waage, Skorpion, Schütze, Steinbock, Wassermann oder Fische (s. auch S. 8–21). Allerdings tritt die Sonne nicht jedes Jahr exakt zur selben Zeit in die jeweiligen Zeichen. Die Horoskope, die du in Büchern und Zeitschriften findest, können sich nur nach Durchschnittswerten richten. Deshalb

kann es sein, dass Menschen, die am Übergang zwischen zwei Tierkreiszeichen geboren wurden, einmal diesem und einmal jenem Sternzeichen zugerechnet werden. Hast du an der Schwelle von einem Zeichen zum anderen Geburtstag, dann solltest du dir den Text zu beiden durchlesen. Wer sich ganz sicher sein möchte, sollte sich an einen Astrologen wenden: Unter Angabe deines Geburtsdatums, der Uhrzeit und des Geburtsorts kann dieser dann mit Hilfe von verschiedenen Tabellen ein ganz genaues Geburtshoroskop erstellen. Je nachdem, in welchem Tierkreiszeichen die Sonne zum Zeitpunkt deiner Geburt stand, kann sie deine Persönlichkeit beeinflussen. Sie weist darauf hin, welche Fähigkeiten in dir schlummern, welche Vorlieben du hast, wie viel Glück und Erfolg dir im Leben beschieden sind und mit welchen anderen Sternzeichen du am besten auskommst (s. S. 10–21). Doch ein Geburtshoroskop zeigt noch viel mehr – schließlich ist es nicht der Stand der Sonne allein, der dein Wesen bestimmt: Auch die Positionen der Planeten haben ihre Auswirkungen.

Der Aszendent

Der Aszendent ist das Tierkreiszeichen, das zur Geburtsstunde am östlichen Horizont aufsteigt. Er ist im Grunde genommen genauso wichtig wie das Sonnenzeichen, weil er Auskunft darüber gibt, wie wir auf andere wirken und wie wir unsere Umwelt wahrnehmen. Wie du deinen Aszendenten selbst berechnen kannst und was er im Einzelnen über dich aussagt, findest du auf den Seiten 22–25.

Die Zukunft deuten

In der Astrologie gibt es eine Vielzahl von Techniken, um die Zukunft zu deuten, die alle darauf beruhen, den Stand der Planeten zu einem bestimmten Zeitpunkt mit dem des Geburtshoroskops zu vergleichen.

Der westliche Tierkreis

Die zwölf Tierkreiszeichen

Aus unserer Perspektive sieht es so aus, als bewege sich die Sonne um die Erde. Auf dieser scheinbar von ihr beschriebenen Bahn liegt der so genannte tropische Tierkreis, der in zwölf gleich große Himmelsabschnitte eingeteilt wird – die Tierkreiszeichen. In der nördlichen Erdhalbkugel beginnt der Tierkreis mit der Frühjahrstagundnachtgleiche am 21. März und somit beim Zeichen des Widders, auf das nach und nach die anderen elf Tierkreiszeichen folgen.

♈	Widder	♋	Krebs	♎	Waage	♑	Steinbock
♉	Stier	♌	Löwe	♏	Skorpion	♒	Wassermann
♊	Zwillinge	♍	Jungfrau	♐	Schütze	♓	Fische

Aktive und passive Zeichen

Diese zwölf Tierkreiszeichen werden von der Astrologie in verschiedene Gruppen eingeteilt. So wird die Hälfte der Zeichen als aktiv, männlich oder positiv bezeichnet und die andere Hälfte als passiv, negativ oder weiblich. In der Astrologie bedeuten diese Begriffe allerdings etwas ganz anderes als im wirklichen Leben. Sie beschreiben nur die gegensätzlichen Kräfte, die wir alle in uns tragen – Mädchen wie Jungen. Aktive, männliche oder positive

Zeichen haben ein extrovertiertes, sehr begeisterungsfähiges Naturell und einen scharfen Verstand. Zu ihnen zählen Widder, Zwillinge, Löwe, Waage, Schütze und Wassermann. Die so genannten passiven, weiblichen oder negativen Zeichen sind eher introvertiert, zurückhaltend und gefühlsbetont. Zu diesen Zeichen zählen Stier, Krebs, Jungfrau, Skorpion, Steinbock und Fische.

Die vier Elemente

Diese beiden Gruppen werden nun weiter unterteilt, und zwar in die vier Elemente Feuer und Luft (beide aktiv) sowie Erde und Wasser (beide passiv). Jedes Element, dem jeweils drei Tierkreiszeichen zugeordnet werden, beschreibt bestimmte Eigenschaften: So sind Feuerzeichen flink, begeisterungsfähig, manchmal aufbrausend, aber rasch wieder zu beruhigen. Zu ihnen zählen der Widder, Löwe und Schütze. Luftzeichen sind eher Verstandesmenschen, die zum Grübeln neigen. Zu dieser Gruppe zählen Zwillinge, Waage und Wassermann. Erdzeichen dagegen sind praktisch veranlagt, sensibel und mögen es gar nicht, wenn sie mit etwas Unvorhergesehenem konfrontiert werden. Zu ihnen zählen Stier, Jungfrau und Steinbock. Auch Wasserzeichen sind sehr empfindsam und neigen dazu, sich von ihren Gefühlen leiten zu lassen. Zu ihnen zählen Krebs, Skorpion und Fische.

Die drei Kreuze

Je nach ihrer Anordnung im Tierkreis bilden jeweils vier Tierkreiszeichen ein Kreuz, sodass bei zwölf Tierkreiszeichen insgesamt drei verschiedene Kreuze existieren. Das kardinale Kreuz steht für Eigeninitiative und umfasst Widder, Krebs, Waage und Steinbock. Das fixe Kreuz steht für Stabilität und Ausdauer und umfasst die Zeichen Stier, Löwe, Skorpion und Wassermann. Das veränderliche Kreuz steht für Anpassungsvermögen und Neuentwicklung. Es umfasst die Zwillinge, Jungfrau, Schütze und Fische.

Widder

20. März bis 20. April

PLANET: Mars

PRINZIPIEN: positiv, Feuerzeichen, kardinal

Die meisten Widder sind sehr aktive Menschen. Weil sie sehr fleißig sind und strategisch denken, können es ehrgeizige Widder im Leben weit bringen. Wer unter diesem Zeichen geboren wurde, interessiert sich sehr für Kunst und Musik, beruflich verwirklicht man sich allerdings lieber auf anderem Gebiet. Die Widderfrau ist äußerst leidenschaftlich – das gilt nicht nur für die Liebe, sondern für alles, was ihr am Herzen liegt. Sie ist eine ideale Partnerin und wünscht sich häufig eine große Familie.

Deine idealen Partner sind:    

Dank ihrer starken Persönlichkeit und ihres gewinnenden Wesens stehen Widder auf Partys schnell im Mittelpunkt. Mit ihrer offenen, selbstbewussten Art verstehen sich Widderfrauen mit Jungs oft besser als mit Mädchen. Eifersüchteleien und kleinlichen Streit braucht der Freund einer Widderfrau nicht zu fürchten. Widder gehen gerne aus und flirten für ihr Leben gern, doch wer es ihnen zu leicht macht oder ihnen regelrecht hinterherläuft, ist von vorneherein abgemeldet. Wenn du unter diesem Sternzeichen geboren wurdest, bist du schnell Feuer und Flamme, wenn es darum geht, dich Hals über Kopf zu verlieben. Bevor du dich auf eine dauerhafte Beziehung einlässt, musst du dir deiner Gefühle erst ganz sicher sein – und natürlich wissen, ob es dein Partner ebenfalls ernst mit dir meint. Wen die Widderfrau einmal in ihr Herz geschlossen hat, dem sagt sie gern, wo es langgeht. Das kann bei den freiheitsliebenden Zeichen, die am besten zu ihr passen, manchmal kritisch werden. Am besten, du nimmst deinen Freund einfach so, wie er ist!

Stier

21. April bis 21. Mai

PLANET: Venus

PRINZIPIEN: negativ, Erdzeichen, fix

Der Stier ist das beständigste aller Tierkreiszeichen – er hält an Gewohnheiten und Beziehungen fest, so lange es geht. Er ist verlässlich, geduldig und zäh und fällt in Schule und Beruf durch seine Geschicklichkeit und Kreativität auf. Auf vielen Gebieten vollbringt er herausragende Leistungen. Wenn möglich, möchte er gern überall seinen Kopf durchsetzen. Trotzdem legen Menschen, die unter diesem Zeichen geboren sind, auf eine glückliche Partnerschaft großen Wert. Auch ein gemütliches Zuhause weiß die Stierfrau sehr zu schätzen. Sie verwendet viel Zeit darauf, es geschmackvoll einzurichten. Stiere sind gesellig und schließen schnell neue Freundschaften, auch wenn die Familie immer an erster Stelle steht. Der Stier hat ein großes Sicherheitsbedürfnis und legt gern etwas für schlechte Zeiten zurück.

Deine idealen Partner sind:

Stiere fühlen sich wohl in ihrer Haut. Und weil man ihnen das auch ansieht, sind sie überaus attraktiv. Einem Flirt sind die unter diesem Zeichen Geborenen zwar nicht abgeneigt, aber meist wird bei ihnen schnell etwas Ernsteres daraus. Haben sie sich einmal für jemanden entschieden, sind sie absolut zuverlässig und treu. Die gleiche Beständigkeit erwartet die Stierfrau auch von ihrem Freund. Doch selbst wenn er mal über die Stränge schlägt, bringt sie das nicht so leicht aus der Ruhe. Hauptsache, er vergisst nicht, sie ein bisschen zu verwöhnen und ausgiebig mit ihr zu kuscheln. Als Stierfrau haben Traumtänzer und Taugenichtse bei dir wenig Chancen – außer du bist davon überzeugt, sie rasch zu deinem Lebensstil bekehren zu können.

Zwillinge

21. Mai bis 21. Juni

PLANET: Merkur

PRINZIPIEN: positiv, Luftzeichen, veränderlich

Der Zwilling möchte häufig zwei Dinge auf einmal. Er braucht die Geborgenheit einer glücklichen Beziehung, einen geregelten Arbeitsplatz und ein geordnetes Zuhause, doch gleichzeitig sehnt er sich nach Abwechslung. Meist entscheidet sich der Zwilling für einen Beruf, der ihn mit vielen Menschen in Kontakt bringt und ihn jeden Tag wieder aufs Neue herausfordert. Manche Zwillinge neigen jedoch dazu, sich über Belanglosigkeiten aufzuregen, und gehen damit sich und anderen auf die Nerven. Zwillinge legen Wert auf ihre Kleidung, viele fühlen sich in einer chaotischen Umgebung nicht wohl.

Deine idealen Partner sind:    

Zwillinge brauchen jede Menge Trubel, um glücklich zu sein. Dafür sorgen sie auch gerne selbst. Wo sie sind, ist immer etwas los. Spontane Verabredungen und heftige Flirts entsprechen ganz ihrem Geschmack. Romantisch zu Hause sitzen und den eigenen Gefühlen nachhängen, ist nichts für Zwillingsfrauen. Wurdest du unter diesem Zeichen geboren, sollte dein Partner kein allzu stilles Wasser sein und auch optisch etwas hermachen. Außerdem muss er dir genügend Freiraum lassen. Der Partner, der zu dir passt, weiß seine Freiheit ebenso zu genießen, doch wenn ihr zusammen seid, habt ihr jede Menge Spaß. Dein Lebens- und Liebesmotto heißt Abwechslung. Wenn eine Beziehung zur Routine wird, hält dich nichts mehr. Anstatt sentimentaler Gefühle überwiegen Freiheitsdrang und Abenteuerlust. Doch der Richtige weiß sehr zu schätzen, dass es mit einer Zwillingsfrau nie langweilig wird, und freut sich an ihrer Feinfühligkeit.

Krebs

22. Juni bis 22. Juli

PLANET: Mond

PRINZIPIEN: negativ, Wasserzeichen, kardinal

Ein typischer Wesenszug des Krebses ist seine Vorsicht und sein Sicherheitsbedürfnis: Er lässt sich nicht gern auf waghalsige Unternehmungen ein und geht Schwierigkeiten wenn möglich aus dem Weg. Krebsfrauen engagieren sich sehr in Schule oder Beruf und übernehmen gern Verantwortung. Häufig üben sie einen Beruf aus, in dem sie sich um andere kümmern können. Wurdest du unter dem Sternzeichen des Krebses geboren, verliebst du dich nicht sehr schnell – aber wenn, dann richtig: Du nimmst jede Beziehung sehr ernst. Manchmal leidest du unter plötzlichen Stimmungsumschwüngen, insbesondere dann, wenn du dich verletzt oder unwohl fühlst. Krebse lieben Reisen und Abwechslung, freuen sich dann aber wieder auf ihr gemütliches Zuhause.

Deine idealen Partner sind: 

Krebsfrauen sind sehr feminin und liebevoll, manchmal jedoch ein wenig launisch. Wurdest du unter diesem Zeichen geboren, hast du selten Lust auf Abenteuer oder Experimente. Auch wenn dich jemand interessiert, überlässt du ihm den ersten Schritt. Dass Krebsfrauen auf den ersten Blick scheu und zerbrechlich wirken, finden viele Partner besonders reizvoll: Eine Krebsfrau zu erobern ist eine echte Herausforderung, die mit wahrer Zuneigung und viel Leidenschaft belohnt wird. Auch der Sinn für Romantik, der die Krebsfrauen auszeichnet, ist legendär. Pass nur auf, dass du deinen Freund nicht mit deiner Fürsorge erstickst – Händchenhalten ist etwas Wunderbares, aber das Leben zu zweit hat noch mehr zu bieten.

Löwe

23. Juli bis 22. August

PLANET: Sonne

PRINZIPIEN: positiv, Feuerzeichen, fix

Der Löwe ist von Natur aus extrovertiert, humorvoll und kreativ, stellt aber große Ansprüche. Das kann dazu führen, dass er arrogant wirkt. Löwen sind ausgezeichnete Organisatoren und strotzen nur so vor Tatendrang. Auf der anderen Seite genießen sie das Familienleben und hängen sehr an ihren Freunden. In Schule und Beruf geht die Löwefrau energisch vor und erzielt gute Ergebnisse. Nur wenn die Dinge nicht so laufen, wie sie es möchte, kann sie schon einmal die Geduld verlieren. In der Liebe sind die Löwen leidenschaftlich, geraten jedoch häufig an falsche Partner. Hat die Löwefrau allerdings erst einmal den Richtigen gefunden, ist sie treu. Löwen sind großzügig, verdienen aber stets genug, um sich das auch leisten zu können.

Deine idealen Partner sind: 

Die Löwefrau ist eine echte Jägerin. Je schwerer jemand zu haben ist, desto reizvoller findet sie ihn. Und meist bekommt sie sogar, was sie will. Problematisch wird es nur, wenn sie sich ausgerechnet einen Partner ausgesucht hat, der gar nicht zu ihr passt. Doch freiwillig auf etwas zu verzichten, käme dir als Löwefrau nie in den Sinn. Mit deinem wilden Temperament und deinem Tatendrang sollte dein Freund umzugehen wissen. Dann wird aus der Partylöwin zumindest zeitweise eine schnurrende Schmusekatze. Auf Konkurrentinnen in ihrer Umgebung reagiert die Löwin allergisch, aber wenn jemand, an dem ihr liegt, Hilfe braucht, wächst sie über sich hinaus. Als Löwin liebst du dramatische Auftritte und stehst gern im Mittelpunkt. Deshalb brauchst du einen selbstbewussten Partner, der sich neben dir behaupten kann.

Jungfrau

23. August bis 22. September

PLANET: Merkur

PRINZIPIEN: negativ, Erdzeichen, veränderlich

Die kluge, gewissenhafte Jungfrau hält die Dinge am Laufen. Sie ist eher an einer geistigen als an einer körperlichen Tätigkeit interessiert, entwickelt gern neue Ideen, ist redegewandt und sprachbegabt. Sie hält sich eher im Hintergrund und überlässt anderen die Führungsrolle, ist für deren Erfolg jedoch in hohem Maße mitverantwortlich. Die Jungfrau unterhält nur wenige Freundschaften, die sie jedoch sorgfältig pflegt. Ist sie verliebt, zeigt sie ihre Zuneigung eher dadurch, dass sie sich für ihren Partner einsetzt, als ihn mit Zärtlichkeiten zu überschütten. Jungfrauen sind gewöhnlich eher sparsam, nur bei Büchern und CDs können sie gelegentlich in einen regelrechten Kaufrausch verfallen.

Deine idealen Partner sind: 

Spontane Aktionen und Überraschungen schätzen Jungfrauen überhaupt nicht. Fast alles, was eine Jungfrau tut, ist gut überlegt und das gilt auch in Liebesdingen. Weil sie oft geheimnisvoll wirkt, kommt die Jungfrau fast immer ans gewünschte Ziel. Sie versteht es eben, das Interesse ihres Gegenübers zu wecken, indem sie nicht sofort alle ihre Trümpfe auf den Tisch legt. Mit dir kann ein Junge über alles reden – solange es nicht zu oberflächlich wird. Achte nur darauf, deinen Gesprächspartner nicht einzuschüchtern. Bei deinen Fähigkeiten kommt sowieso keiner auf die Idee, dich zu unterschätzen. Gefühle zeigst du lieber indirekt, indem du etwas für andere tust. Dass du auch selbst anlehnungsbedürftig bist, zeigst du erst, wenn du dich auf deinen Partner hundertprozentig verlassen kannst.

Waage

23. September bis 22. Oktober

PLANET: Venus

PRINZIPIEN: positiv, Luftzeichen, kardinal

Waagen sind sehr ausgleichend. Kommt es zu einer Auseinandersetzung, können sie sich meist gut in beide Seiten hineinversetzen, und das macht sie zu ausgezeichneten Schiedsrichtern oder Vermittlern. In Schule und Beruf fühlt sich die Waage am wohlsten, wenn sie von Menschen umgeben ist, die ihr dabei helfen, das meiste aus ihren vielseitigen Begabungen herauszuholen. Privat ist sie am besten bei einem liebevollen, sie beschützenden Partner aufgehoben, fühlt sich aber auch als Single nicht unglücklich. Die Waage hat einen hervorragenden Geschmack und ist äußerst trendbewusst. Sie gibt gern Geld aus, hat in finanziellen Angelegenheiten jedoch oft ein glückliches Händchen, sodass sie auch bei Geldsorgen immer einen Ausweg findet.

Deine idealen Partner sind:    

Viele Waagefrauen können es sich leisten, sehr kritisch bei der Partnerwahl zu sein oder sich ewig nicht zu entscheiden. Weil sie oft und gerne ausgehen, herrscht an Verehrern kein Mangel. Als Waage stehst du mit deiner eleganten Erscheinung auf Partys und anderen Events oft im Mittelpunkt. Doch wer bei dir landen will, muss sich in jedem Fall zu benehmen wissen. Waagen sind Ästheten, sodass dein perfekter Partner auch deinen Sinn für alles Schöne teilen sollte. Nachdem er dein Herz erobert hat, bringst du viel Verständnis für deinen Freund auf. Waagefrauen haben kein Problem damit, ihrem Partner genügend Freiraum zu lassen. Schließlich brauchen sie ebenfalls relativ viel Zeit für sich und ihre Freundinnen, denn die sind der Waage fast genauso wichtig wie ihre Beziehung.

Skorpion

23. Oktober bis 21. November

PLANET: Pluto

PRINZIPIEN: negativ, Wasserzeichen, fix

Skorpione haben viele Gesichter. Die meiste Zeit über sind sie vernünftig, fleißig, einfühlsam, intelligent und humorvoll, doch wenn es sie überkommt, können sie sich im Nu in misstrauische Nörgler verwandeln. Die Skorpionfrau ist sehr gewissenhaft. Sie zieht lieber im Hintergrund die Fäden, anstatt selbst ins Rampenlicht zu treten. Trotzdem ist sie sehr ehrgeizig und kann es in Schule und Beruf weit bringen. Auch im sportlichen Bereich kann sie große Erfolge erzielen. Allen, die sie liebt, bleibt sie eng verbunden, insbesondere ihren Freundinnen, für die sie immer nur das Beste will.

Deine idealen Partner sind:    

Skorpionfrauen sind extrem wählerisch und lassen sich auch beim Flirten kaum in die Karten schauen – nicht einmal von Jungs, die sie interessieren. Auf der Suche nach der großen Liebe folgen sie in erster Linie ihrem Instinkt. So undurchschaubar die in diesem Sternzeichen Geborenen auch sind, so gut gelingt es ihnen, anderen auf den Grund ihrer Seele zu schauen. Für das, was sie dort sehen, bringen sie viel Verständnis auf. Nur mit mangelnder Ehrlichkeit kann die Skorpionfrau nicht umgehen, da fährt sie umgehend ihren Stachel aus. Als Skorpionfrau fällt es dir auch manchmal schwer, deinen Partner so zu lassen, wie er ist. Manchmal ertappst du dich dabei, ihn nach deinen Vorstellungen ändern zu wollen. Zu deinen Vorzügen zählen ein ausgeprägter Gerechtigkeitssinn und unerschütterliche Treue. Die Stärke und absolute Hingabe der Skorpionfrau kann auf weniger zielstrebige Gemüter einschüchternd wirken.

Schütze

22. November bis 21. Dezember
PLANET: Jupiter
PRINZIPIEN: positiv, Feuerzeichen, veränderlich

Die meisten Schützen sind extrovertiert, großzügig, humorvoll und begeisterungsfähig. Die Schützefrauen planen gern größere Projekte und sind deshalb gute Organisatorinnen. Auch mit den Händen sind sie meist überaus geschickt. Schützen lieben Berufe, durch die sie weit herumkommen und viele Leute kennen lernen. Viele Schützen sind begeisterte Globetrotter, manche lassen sich sogar für immer in einem fremden Land nieder. Es gibt jedoch auch Schützefrauen, die eher in sich gekehrt sind und ihren Partner durch ihre Wortkargheit verwirren können. Menschen dieses Sternzeichens lieben ihre Familie und ihre Freunde sehr und gehen für sie durchs Feuer. Auch ihrem Partner gegenüber sind Schützen großzügig und hilfsbereit.

Deine idealen Partner sind:    

Schützefrauen findet man immer dort, wo etwas los ist, denn sie lieben es, immer wieder neue Leute kennen zu lernen. Als Schützefrau neigst du dazu, ständig neue Ideen und Projekte auszutüfteln. Aus diesem Grund kommen für dich Einzelgänger und Stubenhocker als Partner definitiv nicht in Frage. Dein Freund sollte annähernd so reise- und abenteuerlustig sein wie du. Misstrauen und Eifersucht in einer Beziehung findest du unerträglich.
Dein Sinn für Humor verdient besondere Erwähnung, aber auch deine scharfe Zunge. Deshalb bist du deinem Freund gegenüber häufig wenig diplomatisch und redest manchmal schneller, als du denkst. Instinktiv liegst du mit deinen Bemerkungen oft richtig, weil du deinen Partner ziemlich gut kennst, doch achte darauf, ihn nicht unnötig zu verletzen.

Steinbock

22. Dezember bis 21. Januar

PLANET: Saturn

PRINZIPIEN: negativ, Erdzeichen, kardinal

Steinböcke sind fleißig, gewissenhaft und überdurchschnittlich ehrgeizig. Sie verfolgen hoch gesteckte Ziele, und zwar nicht nur für sich selbst, sondern auch für ihre Familie und ihre Freunde. Dann kann es schon einmal passieren, dass sie gar nicht bemerken, wie sie andere mit ihren hohen Erwartungen überfordern. In der Liebe will sich die Steinbockfrau voll und ganz auf ihren Partner verlassen können und bei ihm stets an erster Stelle stehen. Hat sie erst einmal den Richtigen gefunden, ist sie sehr liebevoll. Steinböcke sind im Allgemeinen sehr treu und neigen dazu, ihren Partner zu vergöttern. Sie gehen gern auf Reisen, freuen sich dann aber auch wieder auf ihr Zuhause.

Deine idealen Partner sind: 

Steinbockfrauen wollen in allen Lebensbereichen hoch hinaus. Das gilt auch für Beziehungsdinge. Lockere Flirts kommen für dich nicht in Frage, aber wenn du dir erst einmal jemanden in den Kopf gesetzt hast, werdet ihr mit großer Wahrscheinlichkeit ein Paar. Die nötige Geduld dafür bringst du auf. Risiken gehst du nur ungern ein: Um dir keine Blöße zu geben, offenbarst du deine Gefühle sicherheitshalber erst, wenn du weißt, dass sie auch von deinem Traumprinzen erwidert werden. Trotzdem lässt eine Steinbockfrau gern ihn den Anfang machen – oder weiß ihm zumindest dieses Gefühl zu geben. Ein bisschen kühl, aber nicht arrogant, schick, aber nicht modisch, suchst du eher nach einem Beschützertyp als nach einem gleichaltrigen Kumpel. Wen du magst, mit dem gehst du durch dick und dünn.

Wassermann

22. Januar bis 20. Februar

PLANET: Uranus

PRINZIPIEN: positiv, Luftzeichen, fix

Die meisten Wassermänner regeln die Dinge am liebsten auf ihre eigene Art und Weise, sind guten Argumenten jedoch meist zugänglich. Wassermänner sind vernünftig, humorvoll, freundlich und vertrauensvoll, es sei denn, jemand verletzt sie. Die Wassermannfrau ist hochintelligent und sehr erfinderisch. Sie ist häufig technisch interessiert und überrascht immer wieder mit neuen, ungewöhnlichen Ideen. Sie findet das Leben viel zu aufregend, um sich über Geld oder andere Alltagsprobleme Sorgen zu machen, doch wenn es sein muss, findet sie fast immer eine Lösung. Die Wassermannfrau benötigt einen Partner, der ihre hin und wieder leicht verschrobene Art versteht.

Deine idealen Partner sind: 

Wassermannfrauen beeindrucken durch ihre Stärke und Unabhängigkeit. Wegen ihrer etwas sprunghaften Art darf sie ihr Partner keinesfalls langweilen, denn sie hat mehr Spaß am Erobern als am Besitzen. Für lange ruhige Abende oder Urlaube in romantischer Zweisamkeit bist du als Wassermannfrau einfach nicht gemacht. Offen über deine Gefühle zu reden, kann dir ziemlich schwer fallen, denn oft genug weißt du selbst nicht genau, was du willst. Nur sehr selten senden Wassermannfrauen wirklich eindeutige Signale aus. In einer Beziehung wollen sie unbedingt für voll genommen werden – Gleichberechtigung ist für sie mehr als nur ein Wort. Eine dauerhafte Partnerschaft mit Frauen dieses Zeichens funktioniert nur, wenn sie sich nicht eingeengt fühlen. Doch hast du einmal den Richtigen gefunden, könnt ihr gemeinsam alles genießen, was das Leben Schönes zu bieten hat.

Fische

21. Februar bis 20. März

PLANET: Neptun

PRINZIPIEN: negativ, Wasserzeichen, veränderlich

Fische können zwei Gesichter haben. Manchmal zeigen sie sich freundlich und fürsorglich, dann wieder äußerst rechthaberisch. Menschen, die unter diesem Zeichen geboren wurden, sind häufig sehr sensibel. Sie reagieren oft schnell verletzt, können sich aber gut in andere hineinfühlen. Viele Fischefrauen leben sehr gefühlsbetont und entwickeln ein starkes Interesse für spirituelle Dinge – eine Vorliebe, die sie bisweilen sogar zu ihrem Beruf machen. Wer mit einem Fisch zusammen ist, sollte Verständnis für dessen Neigungen haben und entsprechend tolerant sein. Fische sind eher an höheren Werten interessiert, auf das Materielle kommt es ihnen weniger an. Aus diesem Grund kommen sie möglicherweise nie an das ganz große Geld.

Deine idealen Partner sind: 

Sensible Fischefrauen beeindruckt man mit romantischen Liebesgedichten hundertmal mehr als mit pragmatischen Vorschlägen. Unter diesem Zeichen Geborene sagen kein überflüssiges Wort, wirken dadurch jedoch umso geheimnisvoller. Aus diesem Grund üben sie eine geradezu magische Anziehungskraft auf das andere Geschlecht aus, das sich in ihrer Gegenwart häufig besonders männlich fühlt. Doch Angeber haben bei Fischefrauen von vorneherein keine Chance. Als Fischefrau magst du zwar verträumt wirken, merkst jedoch ganz schnell, wenn dich ein Partner ausnutzt oder deine absolute Treue nicht zu schätzen weiß. Trotz aller Sanftmütigkeit lässt du dich nie nach den Vorstellungen eines Mannes verbiegen. Doch für den Richtigen bist du bereit alles auf eine Karte zu setzen, weil du an die große Liebe glaubst.

Die Bedeutung des Aszendenten

Der Aszendent gehört zu den Grundlagen der westlichen Astrologie und ist einer der wesentlichen Faktoren im Horoskop (s. S. 7). Der Begriff leitet sich vom lateinischen „ascendere" her, was „aufsteigen" bedeutet. In der Astrologie ist es das Zeichen, das zum Zeitpunkt und am Ort der Geburt am östlichen Horizont aufsteigt. Da sich die Erde jeden Tag um die eigene Achse dreht, steigen innerhalb von 24 Stunden alle zwölf Tierkreiszeichen einmal auf. Das bedeutet, dass alle zwei Stunden ein neues Zeichen am Horizont auftaucht. Daher lassen sich auf Grund des Aszendenten wesentlich genauere Aussagen über den Charakter eines Menschen machen als nur auf Grund des Sonnenzeichens. Menschen, die am gleichen Tag geboren wurden, haben zwar überall auf der Welt dasselbe Sonnenzeichen und teilen somit auch gewisse Persönlichkeitsmerkmale – trotzdem wirken sie auf Außenstehende häufig sehr unterschiedlich. Während die Sonnenzeichen eher den Persönlichkeitskern eines Menschen beschreiben, steht der Aszendent für die Erwartungshaltung, mit der man dem Leben entgegentritt. Er bestimmt den ersten Eindruck, den wir auf andere machen, und ist mit verantwortlich dafür, wie wir uns nach außen hin geben. Man könnte ihn fast mit einer Art einstudierter Rolle vergleichen, die wir unserer Umwelt vorspielen, und mit der wir im Leben weiterzukommen meinen. Erst wenn wir Sonnenzeichen und Aszendenten eines Menschen kennen, können wir seine Persönlichkeit wirklich einschätzen. Auf der gegenüberliegenden Seite findest du eine Beschreibung der typischen Verhaltensmerkmale der verschiedenen Aszendenten. Sieh selbst, ob sie für dich und deine Freunde zutreffen! Wer seinen Aszendenten nicht kennt, findet auf den Seiten 24–25 eine einfache und schnelle Methode, ihn selbst zu bestimmen.

Aszendent Widder
Frauen mit dem Aszendenten Widder wirken selbstbewusst und scheinen in sich selbst zu ruhen.

Aszendent Stier
Eine solche Person wirkt äußerlich ruhig, in ihrem Inneren kann es jedoch ganz schön brodeln.

Aszendent Zwillinge
Steht dein Aszendent im Zwilling, machst du dir mit deinem entgegenkommenden Wesen viele Freunde. Trau dich auch einmal anzuecken!

Aszendent Krebs
Mit dem Aszendenten im Krebs bist du sehr einfühlsam. Da heißt es aufpassen, dass du selbst nicht zu kurz kommst.

Aszendent Löwe
Als Aszendent Löwe sonnst du dich gern im Rampenlicht. Pass auf, dass du nicht zu selbstverliebt wirst!

Aszendent Jungfrau
Menschen mit einem Jungfrau-Aszendenten setzen hohe Maßstäbe und neigen zur Selbstkritik. Sie sollten lernen das Leben auch einmal von der leichteren Seite zu nehmen.

Aszendent Waage
Solche Menschen wirken äußerst attraktiv und charmant und sind regelrecht harmoniesüchtig.

Aszendent Skorpion
Steht dein Aszendent im Skorpion, liebst du das Abenteuer. Pass auf, dass du kein Eigenbrötler wirst!

Aszendent Schütze
Solche Menschen haben ein großes Freiheitsbedürfnis. Etwas mehr Ausdauer täte manchmal gut!

Aszendent Steinbock
Steht dein Aszendent im Steinbock, bist du sehr pflichtbewusst. Ein wenig mehr Experimentierfreude könnte nicht schaden!

Aszendent Wassermann
Als solcher bist du ein origineller Kopf – manchmal etwas sprunghaft.

Aszendent Fische
Sensibel und fantasievoll – doch es fehlt an Durchsetzungsvermögen.

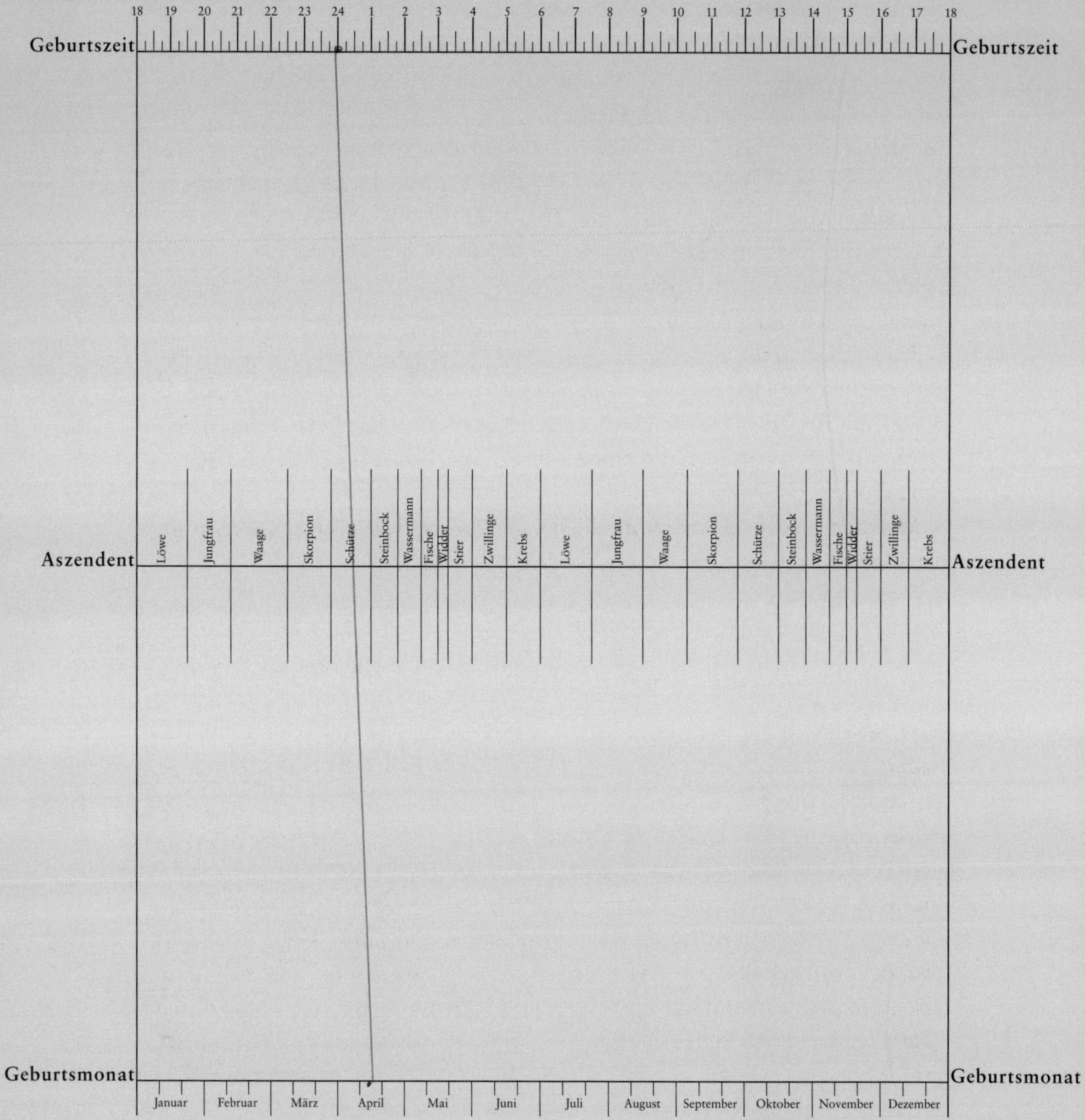

Geburtszeit
18 19 20 21 22 23 24 1 2 3 4 5 6 7 8 9 10 11 12 13 14 15 16 17 18
Geburtszeit
Aszendent
Löwe
Jungfrau
Waage
Skorpion
Schütze
Steinbock
Wassermann
Fische
Widder
Stier
Zwillinge
Krebs
Löwe
Jungfrau
Waage
Skorpion
Schütze
Steinbock
Wassermann
Fische
Widder
Stier
Zwillinge
Krebs
Aszendent
Geburtsmonat
Januar
Februar
März
April
Mai
Juni
Juli
August
September
Oktober
November
Dezember
Geburtsmonat

So bestimmst du deinen Aszendenten

Mit Hilfe der nebenstehenden Grafik kannst du deinen Aszendenten ganz leicht selbst feststellen. Alles, was du dazu brauchst, sind Lineal und Bleistift. Außerdem musst du natürlich wissen, wann du geboren wurdest – nicht nur den Monat und den Tag, sondern auch die genaue Uhrzeit.

1. Oben siehst du eine Skala, auf der du deine genaue Geburtszeit mit einem Punkt markierst. Jeder Strich auf der Skala umfasst eine Viertelstunde, sodass du den Punkt sehr genau setzen kannst. Doch aufgepasst: Galt bei deiner Geburt die Sommerzeit, musst du von deiner Geburtszeit eine Stunde abziehen. In der unten stehenden Tabelle kannst du nachsehen, ob das der Fall ist.
2. Auf der unteren Skala markierst du deinen Geburtstag. Diese Skala ist in Zeiträume à zehn Tage eingeteilt, sodass du den Zeitpunkt auch hier sehr genau markieren kannst.
3. Mit dem Lineal verbindest du die beiden Punkte: Das Tierkreiszeichen in der Mitte, das deine Linie kreuzt, ist dein Aszendent.

Sommerzeit: 1 Stunde abziehen

6.4.1980 2.00 Uhr – 28.9.1980 3.00 Uhr	31.3.1991 2.00 Uhr – 29. 9.1991 3.00 Uhr
29.3.1981 2.00 Uhr – 27.9.1981 3.00 Uhr	29.3.1992 2.00 Uhr – 27. 9.1992 3.00 Uhr
28.3.1982 2.00 Uhr – 26.9.1982 3.00 Uhr	28.3.1993 2.00 Uhr – 26. 9.1993 3.00 Uhr
27.3.1983 2.00 Uhr – 25.9.1983 3.00 Uhr	27.3.1994 2.00 Uhr – 25. 9.1994 3.00 Uhr
25.3.1984 2.00 Uhr – 30.9.1984 3.00 Uhr	26.3.1995 2.00 Uhr – 24. 9.1995 3.00 Uhr
31.3.1985 2.00 Uhr – 29.9.1985 3.00 Uhr	31.3.1996 2.00 Uhr – 27.10.1996 3.00 Uhr
30.3.1986 2.00 Uhr – 28.9.1986 3.00 Uhr	30.3.1997 2.00 Uhr – 26.10.1997 3.00 Uhr
29.3.1987 2.00 Uhr – 27.9.1987 3.00 Uhr	29.3.1998 2.00 Uhr – 25.10.1998 3.00 Uhr
27.3.1988 2.00 Uhr – 25.9.1988 3.00 Uhr	28.3.1999 2.00 Uhr – 31.10.1999 3.00 Uhr
26.3.1989 2.00 Uhr – 24.9.1989 3.00 Uhr	26.3.2000 2.00 Uhr – 29.10.2000 3.00 Uhr
25.3.1990 2.00 Uhr – 30.9.1990 3.00 Uhr	25.3.2001 2.00 Uhr – 28.10.2001 3.00 Uhr

Die chinesische Astrologie

Hintergrund

Buddhistische Mönche waren die Ersten, die die Sterne für ihre Anhänger deuteten. Doch irgendwann wurde die Astrologie von einer Reihe tyrannischer Kaiser verboten. Da es den Mönchen nicht mehr erlaubt war, Himmelsbeobachtungen anzustellen, entwickelten sie eine Methode, ihr Horoskopsystem auf einen bereits bestehenden Mondkalender zu übertragen. Der gesamte Mondzyklus umfasst 60 Jahre und setzt sich wiederum aus fünf einfachen Zyklen zusammen, die sich alle zwölf Jahre wiederholen. Für jedes Jahr steht ein anderes Tierzeichen. Einer Legende zufolge rief Buddha kurz vor seinem Tod alle Tiere zu sich. Die einzigen, die kamen, um sich von ihm zu verabschieden, waren Ratte, Büffel, Tiger, Hase, Drache, Schlange, Pferd, Ziege, Affe, Hahn, Hund und Schwein. Gerührt benannte Buddha ein Jahr nach jedem von ihnen und zwar in der Reihenfolge ihres Erscheinens. Jedes dieser Tiere steht für andere Eigenschaften.

Yang und Yin

Auch in der chinesischen Astrologie gibt es Gegensatzpaare, nämlich aktive Yang- und passive Yin-Zeichen. Yang-Zeichen stehen für Selbstbehauptung, Ansporn, Ehrgeiz, Originalität und Durchsetzungsvermögen. Zu ihnen zählen die Zeichen Ratte, Tiger, Drache, Pferd, Affe und Hund. Yin-Zeichen stehen für Ernährung, Schutz, Ausdauer und Kontinuität. Zu ihnen zählen die Zeichen Büffel, Hase, Schlange, Ziege, Hahn und Schwein.

Die fünf Elemente

Die Chinesen unterteilten den 60-jährigen Mondzyklus in fünf Zyklen, die ihren fünf Elementen Holz, Feuer, Erde, Metall und Wasser entsprechen. Jedes Element steht für einen anderen Charakterzug: Holz ist idealistisch, Feuer intellektuell und begeisterungsfähig, die Erde praktisch, Metall resolut und eigensinnig, Wasser künstlerisch, geschäftstüchtig und kommunikativ.

Die Deutung

Die populäre chinesische Astrologie bezieht sich meist auf das Geburtsjahr. Auf den Seiten 28–33 kannst du nachlesen, welches chinesische Tierzeichen du bist, was das über deinen Charakter aussagt und welche Tierzeichen am besten zueinander passen. Um genauere Aussagen machen zu können, ziehen die Chinesen noch weitere Faktoren heran: Dazu teilen sie den Tag in zwölf Doppelstunden ein. Wenn du weißt, um wie viel Uhr du geboren wurdest, kannst du der folgenden Liste dein Stundenzeichen entnehmen.

Stunde	Tierzeichen	Stunde	Tierzeichen
23.00 bis 0.59 Uhr	Ratte	11.00 bis 12.59 Uhr	Pferd
1.00 bis 2.59 Uhr	Büffel	13.00 bis 14.59 Uhr	Ziege
3.00 bis 4.59 Uhr	Tiger	15.00 bis 16.59 Uhr	Affe
5.00 bis 6.59 Uhr	Hase	17.00 bis 18.59 Uhr	Hahn
7.00 bis 8.59 Uhr	Drache	19.00 bis 20.59 Uhr	Hund
9.00 bis 10.59 Uhr	Schlange	21.00 bis 22.59 Uhr	Schwein

Auch das Jahr gliedert sich nach den fünf Elementen: Ein jedes gilt zwei Monate in Folge, den dritten Monat beherrscht immer das Element Erde (s. auch die Monatstabellen im Kapitel „Welches Zeichen bin ich?“ sowie die Deutungen in „Mein Horoskop“ ab Seite 55).

Ratte

24.1.1936–10.2.1937 28.1.1960–14.2.1961 1.2.1984–18.2.1985
10.2.1948–28.1.1949 15.2.1972–2.2.1973 18.2.1996–6.2.1997

Die Ratte zeichnet sich durch Lebenslust und Optimismus aus. Sie kommt weniger durch Fleiß und Ausdauer als mit Einfallsreichtum ans Ziel. Im Zeichen der Ratte Geborene sind gern unter Menschen. Manchmal haben sie richtig Angst, etwas zu verpassen. Wer mit ihnen ausgeht, hat garantiert seinen Spaß. Wenn du Ratte bist, weißt du die schönen Dinge des Lebens zu schätzen, gehst gern gut essen und Schaufenster bummeln. Ratten leben nach dem Prinzip alles oder nichts – das gilt auch für ihre Beziehungen. Aber selbst aus einer kleinen Chance kann bei ihnen die große Liebe werden. Wittern sie Konkurrenz, gehen die sehr eifersüchtigen Ratten sofort zum Angriff über. In einer Partnerschaft sind sie überaus romantisch und treu. Sternzeichen, die ihr Wesen perfekt ergänzen, sind der Drache und der Büffel.

Büffel

11.2.1937–30.1.1938 29.1.1949–15.2.1950 19.2.1985–8.2.1986
3.2.1973–22.1.1974 15.2.1961–4.2.1962 7.2.1997–27.1.1998

Büffel gewinnen andere durch ihr bescheidenes Auftreten und ihre Sanftmütigkeit für sich. Trotz dieser Eigenschaften sollte man Menschen dieses Zeichens nicht unnötig provozieren, denn dann können sie ganz schön aus der Haut fahren. Normalerweise lässt es der Büffel eher langsam angehen; er schätzt alles Vertraute und ist für revolutionäre Neuerungen weniger zu haben. Alleinsein macht ihm nicht das Geringste aus, schließlich schweigen Büffel gern. Wenn sie dann mal das Wort ergreifen, hat es auch Gewicht. Geradlinig und beharrlich verfolgen Büffel ihre Ziele und sagen auch anderen gern, wo es langgeht. Sie sind zwar nicht ausgesprochen romantisch, lieben aber gemütliche Kuschelstunden zu Hause. Außerdem haben Büffel einen ausgeprägten Familiensinn. Bevorzugte Partner sind Ratte und Hahn.

Tiger

31.1.1938–18.2.1939 16.2.1950–5.2.1951 5.2.1962–24.1.1963
23.1.1974–10.2.1975 9.2.1986–28.1.1987 28.1.1998–15.2.1999

Tiger bestechen durch ihre originellen Ideen und ihre Abenteuerlust. Sie fürchten sich vor nichts und niemandem und sind die geborenen Anführer. Das macht sie in den Augen vieler unwiderstehlich. Als Tigerfrau setzt du dich aber nicht nur für deine Interessen, sondern auch für andere ein. Mit deiner Kämpfernatur findest du dich nicht mit halben Sachen ab, sondern gehst lieber aufs Ganze. Bei der Partnersuche gehen Tiger ebenfalls zielstrebig vor, brauchen aber genügend Freiraum, um sich nicht zu langweilen. Auf der Suche nach Abwechslung tauschen sie eine gute Beziehung oft gegen eine vermeintlich noch bessere ein. Doch selbst mit Ex-Freunden verstehen sich Tigerfrauen oft noch sehr gut. Unter einem guten Stern stehen ihre Beziehungen zu Drachen und Pferden.

Hase

19.2.1939–7.2.1940 25.1.1963–12.2.1964 29.1.1987–16.2.1988
6.2.1951–25.1.1952 11.2.1975–30.1.1976 16.2.1999–3.2.2000

Im Jahr des Hasen Geborene besitzen eine grundsätzlich positive Lebenseinstellung. Weil du in allem und allen das Gute siehst, wirst du in deinem großen Freundeskreis als gute Zuhörerin und Ratgeberin geschätzt. Bei der Realisierung von umkämpften Zielen tun sich die eher friedfertig veranlagten Hasen dagegen weniger hervor. Sie erzählen Menschen, denen sie vertrauen, aber bereitwillig von ihren eigenen Erfahrungen. Um ihren Willen durchzusetzen, vergießen sensible Hasen schon einmal ein paar Tränen. Zu deinen Vorzügen in Schule und Beruf gehören Ausdauer und Kreativität. Charakteristisch sind der sichere Geschmack und Spaß an häuslichen Tätigkeiten. Wenn du den Richtigen gefunden hast, bist du ihm auch treu. Als Partner für dich eignen sich im Zeichen der Ziege oder des Schweins Geborene.

Drache

8.2.1940–26.1.1941 13.2.1964–2.2.1965 17.2.1988–5.2.1989
26.1.1952–13.2.1953 31.1.1976–17.2.1977 4.2.2000–24.1.2001

Drachen sind meist sehr erfolgreich und verfolgen ihre Ziele sehr ehrgeizig. Emanzipation müssen Drachenfrauen nicht erst lernen; auch Selbstständigkeit ist ihnen angeboren. Als Drache bist du anderen gern ein Vorbild und spornst deine Umgebung schon mal zu Höchstleistungen an. Allerdings fehlt es dir dabei manchmal ein wenig an Geduld und an diplomatischem Geschick. Im Zeichen des Drachen Geborene halten nichts von Klatsch und Intrigen. Manchmal geraten sie in Schwierigkeiten, weil sie ihren Mitmenschen zu bereitwillig vertrauen. Wenn man ihn reizt, kann ein Drache richtig Feuer spucken. Liebeskummer plagt die Drachenfrau, die auf andere sehr anziehend wirkt, nur selten. Zum Glücklichsein braucht sie einen Partner, der ihr genügend Freiheit lässt, etwa eine Ratte oder einen Affen.

Schlange

27.1.1941–14.2.1942 3.2.1965–20.1.1966 6.2.1989–25.1.1990
14.2.1953–2.2.1954 18.2.1977–6.2.1978 25.1.2001–12.2.2002

Schlangen gelangen nicht unbedingt durch Fleiß, sondern durch Hartnäckigkeit und Scharfsinn ans Ziel. Man sagt ihnen oft nach, sie hätten einen sechsten Sinn. Anderen gegenüber sind sie einfühlsam und wortgewandt. Trotzdem denkt eine Schlange stets gründlich nach, bevor sie den Mund aufmacht. Sie hilft anderen bereitwillig aus der Patsche, allerdings lieber mit Rat als mit Geld, obwohl sie für Letzteres ein glückliches Händchen hat. Als Schlange hörst du vor allem auf deinen Instinkt. Mit deinem ansprechenden Äußeren bist du dir deiner Wirkung wohl bewusst und willst dich nur ungern an einen Einzigen verschwenden. Trotzdem neigst du zur Eifersucht. Hüte dich davor, deinen Liebsten mit deiner Zuneigung zu erdrücken! Gute Chancen haben Beziehungen zu Büffeln und Hähnen.

Pferd

29.1.1930–16.2.1931 3.2.1954–23.1.1955 7.2.1978–27.1.1979
15.2.1942–3.2.1943 21.1.1966–8.2.1967 26.1.1990–13.2.1991

Das selbstbewusste Pferd fühlt sich im größten Trubel am wohlsten. Es liebt die Abwechslung und erregt gern Aufmerksamkeit. Wo Langeweile droht, ist es nicht mehr zu halten: Pferdefrauen sind nun einmal nicht besonders ausdauernd. Ihre Freiheitsliebe mag auf den ersten Blick egoistisch erscheinen, aber auch anderen gestehen sie bereitwillig ihren Freiraum zu. Pferde haben Humor, lachen aber lieber über andere als über sich selbst. Hervorzuheben ist noch ihre Großzügigkeit gegenüber allen, die ihnen am Herzen liegen. Als Pferdefrau bist du abenteuerlustig, gehst gern auf Reisen, zu Hause hält dich dagegen wenig. Pferde suchen sich immer wieder leidenschaftliche Beziehungen, auch wenn ihnen dadurch Liebeskummer droht. Für sie gilt das Sprichwort „Liebe macht blind“. Gute Partner sind Ziege oder Tiger.

Ziege

17.2.1931–5.2.1932 24.1.1955–10.2.1956 28.1.1979–15.2.1980
4.2.1943–24.1.1944 9.2.1967–28.1.1968 14.2.1991–2.2.1992

Die charmant auftretende Ziege ist sehr künstlerisch veranlagt und hat eine Schwäche für den gehobenen Lebensstil. Mit ihrer hilfsbereiten Art ist sie die perfekte beste Freundin, wenn auch manchmal etwas launisch. Wurdest du im Zeichen der Ziege geboren, kannst du dich oft schwer entscheiden.
Du würdest anderen gerne mal die Richtung vorgeben, bist aber eigentlich kein dominanter Charakter. Leider kommst du chronisch zu spät, weil du so gut wie kein Zeitgefühl hast. Ziegen lieben die Natur und ihr Zuhause, das sie sich mit viel Geschmack einrichten. Fühlen sie sich schlecht behandelt, fangen sie an zu meckern. Ziegen verlieben sich öfter, aber meist gibt es nur eine einzige große Liebe in ihrem Leben. Harmonie verspricht die Partnerschaft mit Schwein oder Hase.

Affe

6.2.1932–24.1.1933 11.2.1956–29.1.1957 16.2.1980–3.2.1981
25.1.1944–11.2.1945 29.1.1968–15.2.1969 3.2.1992–21.1.1993

Der Affe ist gern unter Leuten, behält seine Meinung über andere aber lieber für sich. Er zeigt sich vorzugsweise von seiner charmanten Seite, erweist sich als witzig und unterhaltsam. Als im Zeichen des Affen Geborene bist du vielseitig interessiert und sehr belesen. Außerdem kannst du dich auf dein gutes Gedächtnis verlassen. Weil Affen es verstehen, sehr überzeugend zu argumentieren, und immer neue, noch originellere Ideen vorbringen, ist es manchmal schwer, konstruktiv mit ihnen zu streiten. Als unverbesserliche Optimistin stehst du auch nach der größten Niederlage bald wieder auf. Was die Liebe betrifft, zieht der Affe einen lockeren Flirt oft einer festen Beziehung vor. Ausdauer in einer Partnerschaft ist nicht seine Stärke, häufig vermisst er die Abwechslung. Am besten klappt es mit Drache oder Ratte.

Hahn

25.1.1933–13.2.1934 30.1.1957–17.2.1958 4.2.1981–24.1.1982
12.2.1945–1.2.1946 16.2.1969–5.2.1970 22.1.1993–9.2.1994

Die stolzen Hähne strengen sich mächtig an, um Erfolg zu haben. Dabei machen sie es sich oft selbst unnötig schwer, weil sie nichts geschenkt wollen. Lob und Anerkennung sind ihnen dagegen wichtig. Leider sind sie deshalb anfällig für falsche Schmeicheleien. Als im Zeichen Hahn Geborene nimmst du kein Blatt vor den Mund – selbst auf die Gefahr hin, dein Gegenüber zu kränken. Auch wenn es mit der Treue nicht so klappt, gibst du das bereitwillig zu. Du selbst reagierst auf Kritik dagegen ziemlich empfindlich. Stress bringt dich bei deinem Organisationstalent nicht aus der Ruhe. In der Liebe neigt der Hahn zum Träumen, Menschen aus Fleisch und Blut haben es manchmal schwer, seinem Ideal gerecht zu werden. Die besten Chancen auf eine harmonische Beziehung hast du mit einem Büffel oder einer Schlange.

Hund

14.2.1934–2.2.1935 18.2.1958–6.2.1959 25.1.1982–12.2.1983
2.2.1946–21.1.1947 6.2.1970–25.1.1971 10.2.1994–29.1.1995

Ein Hund behält den Überblick, selbst wenn alle anderen in Panik geraten. Er ist geradezu genial, wenn es darum geht, einen Ausweg aufzuspüren oder sich eine Lösung auszudenken. Er ist absolut vertrauenswürdig, handelt aber letztlich doch so, wie er es für gutheißt. Als Hundefrau liegst du mit deinen Einschätzungen oft richtig, aber das müsstest du den anderen nicht so deutlich unter die Nase reiben. Mit deiner Fürsorglichkeit tust du manchmal des Guten zu viel. In der Liebe bist du offen, ehrlich und treu – zuweilen bis zur Selbstaufgabe, was dir heftigen Liebeskummer beschert. Denn der ausgeprägte Gerechtigkeitssinn aller Hunde gilt auch für Unrecht, das ihnen selbst zugefügt wird. Als Hundefrau bist du ein wenig scheu und zeigst deine Leidenschaft lieber im Verborgenen. Gute Partner sind Tiger oder Pferd.

Schwein

3.2.1935–23.1.1936 7.2.1959–27.1.1960 13.2.1983–31.1.1984
22.1.1947–9.2.1948 26.1.1971–14.2.1972 30.1.1995–17.2.1996

Schweine sind richtige Wahrheitsfanatiker, sie können einfach nicht lügen. Damit machen sie sich nicht nur Freunde, denn nicht jeder verträgt die ungeschminkte Wahrheit. Weil die im Zeichen Schwein Geborenen manchmal etwas naiv sind, kommt es vor, dass andere sie ausnutzen. Erstaunlicherweise reagierst du in so einem Fall mit Nachsicht und Selbstironie. Deine Freunde schätzen dich als ideale Zuhörerin. Deine eigenen Probleme kannst du oft nicht so gut verständlich machen. Auseinandersetzungen sind dir verhasst. Im Allgemeinen sind Schweine Glückskinder, nur in der Liebe zögern sie oft zu lange. Viele mögliche Partner merken erst hinterher, was ihnen da entgangen ist. Hat die Schweinefrau jedoch einmal ihre Wahl getroffen, bringt sie nichts mehr davon ab. Hase und Ziege sind viel versprechende Partner.

Veda-Astrologie

Der siderische Tierkreis und die tatsächliche Sternzeit

Die vedische oder Veda-Astrologie wird in Indien, Sri Lanka und den angrenzenden Gebieten betrieben. Ein guter Veda-Astrologe muss in Indien sieben Jahre lang studieren, um seinen Abschluss in vedischer Astrologie zu erhalten. Die westliche Astrologie, die vor rund 2000 Jahren entstand, richtet sich nach dem tropischen Tierkreis (s. auch Seite 8). Dieser orientiert sich an unserer Erd- bzw. Kalenderzeit. Die nachchristliche vedische Astrologie dagegen verwendet den so genannten siderischen Tierkreis, der auf der tatsächlichen Sternzeit beruht. Diese berücksichtigt auch, dass der Fixsternhimmel durch die Bewegung der Erdachse alle 72 Jahre um 1 Grad weiterrückt. Die moderne Veda-Astrologie bedient sich nicht nur der sieben Planeten, die man mit bloßem Auge erkennen kann, wie Sonne, Mond, Merkur, Venus, Mars, Jupiter und Saturn, sondern bezieht auch Uranus, Neptun und Pluto mit ein, die später entdeckt wurden.

Die vedische Astrologie kommt dann zum Einsatz, wenn man die Zukunft deuten möchte, beispielsweise, um den geeignetsten Termin für eine bestimmte Unternehmung festzulegen. Doch auch über Charakterzüge und andere Wesensmerkmale gibt die Veda-Astrologie detailliert Auskunft. In Indien und Sri Lanka ist es durchaus üblich, dass man sich in Fragen der Partnerwahl erst einmal an einen Astrologen wendet. Viele Menschen ergreifen auch nur Berufe, die ihnen ihr Astrologe empfohlen hat. Anhand eines Geburtshoroskops kann er erkennen, über welche Anlagen ein Kind verfügt, und berät die Eltern in Bezug auf eine geeignete Ausbildung.

Das Nakshatras-System

Neben den Positionen der einzelnen Planeten bedient sich die vedische Astrologie auch noch des so genannten Nakshatras-Systems. Dieses Regelwerk beruht auf den Häusern des Mondes. Auch die arabische, die chinesische, ja sogar die antike römische Astrologie kennen ein solches Häusersystem. Diese Art von Astrologie ist wesentlich älter als die des Tierkreises, wenn auch nicht mehr so populär. Während es in der arabischen und chinesischen Astrologie 28 Häuser gibt, sind bei uns zwölf Häuser gebräuchlich. Die vedische Astrologie dagegen bedient sich 27 Häuser, die jeweils nach einer Gottheit oder einem mythologischen Wesen benannt sind. Dafür wird der Tierkreis in insgesamt 27 gleich große Tortenstücke geteilt. Das erste Haus steht am Anfang des siderischen Tierkreiszeichens Widder und beginnt nach unserem westlichen Kalender um den 25. Februar herum. Nachdem der Veda-Astrologe die Häuser ermittelt hat, untersucht er, in welchem sich zu einem bestimmten Zeitpunkt der Mond befand. Daraufhin kann er genaue Aussagen über den Einfluss des entsprechenden Hauses auf das Leben und die Persönlichkeit des Rat Suchenden machen. Wenn du wissen willst, unter welchem Veda-Haus du geboren wurdest, schlage im Kapitel „Welches Zeichen bin ich?“ einfach unter deinem Geburtsmonat nach. Natürlich handelt es sich bei den hier aufgeführten Daten eher um ungefähre Angaben. Sollte dein Geburtstag ausgerechnet auf einen Tag fallen, wo zwei Häuser einander abwechseln, empfiehlt es sich, bei der Deutung im Kapitel „Mein Horoskop“ die Texte zu beiden Häusern durchzulesen. Auch wenn die einzelnen Beschreibungen sehr kurz sind, geben sie doch einen guten Überblick darüber, welchen Einfluss das jeweilige Haus auf dich und deine Persönlichkeit hat.

Die indianische Astrologie

Amerika ist ein riesiger Kontinent, der von einer Vielzahl unterschiedlicher Ureinwohner bevölkert wurde – im eisigen Norden ebenso wie in den tropischen Regenwäldern im Süden. So unterschiedlich wie das Klima sind auch die Sitten und Gebräuche der Eingeborenen. Manche ihrer Religionen berufen sich auf Astronomie und Astrologie, während andere Tierspuren untersuchen. Das älteste sich an Sternen orientierende Astrologiesystem besaßen die Tolteken und Maya, das später von den Azteken übernommen wurde. Mit der Zeit gelangte ein Teil dieser Kenntnisse auch in den Norden.

Auf diesem Wissen und anderen Mythologien beruht auch die heute populäre Astrologie der nordamerikanischen Indianer. Die amerikanischen Ureinwohner glauben an eine persönliche Verbindung mit dem Schöpfergeist. Einen Großteil ihrer Informationen erhalten sie über Visionen, häufig mit Hilfe eines Medizinmanns, der sowohl Heiler, Schamane als auch Hellseher sein kann. Eine große Rolle für die amerikanischen Ureinwohner spielt auch Mutter Erde, sodass sie sich bemühen stets im Einklang mit der Natur zu leben.

Das Medizin- oder Erdrad

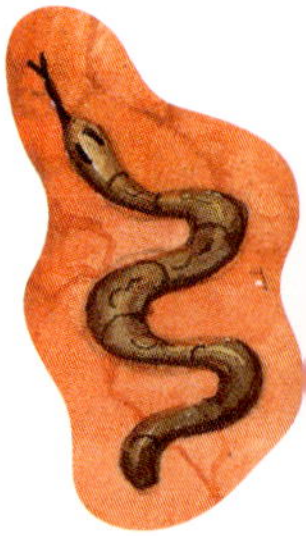

Das Medizinrad dient einerseits als Kompass, andererseits als Schicksalsrad. Im Grunde ist das Medizin- oder Erdrad ein großer, runder, bebilderter Kalender, der die Bewegungen der Planeten, den Wechsel der Jahreszeiten, aber auch bestimmte Ereignisse festhält.

Das Medizin- oder Erdrad

NORDEN
22. Dezember–20. März
Winter/Nacht
Element der Jahreszeit: Luft
Totem der Jahreszeit: weißer Büffel
Geisterwächter: Waboose

WESTEN
23. September – 21. Dezember
Herbst/Abend
Element der Jahreszeit: Erde
Totem der Jahreszeit: Grislibär
Geister-wächter: Mudjekeewis

OSTEN
21. März–20. Juni
Frühling/Morgen
Element der Jahreszeit: Feuer
Totem der Jahreszeit: Adler
Geister-wächter: Wabun

SÜDEN
21. Juni–22. September
Sommer/Mittag
Element der Jahreszeit: Wasser
Totem der Jahreszeit: Kojote
Geisterwächter: Shawnodese

Das S im Zentrum des Rades symbolisiert den niemals endenden Fluss der Lebensenergie.

Die zwölf Zeichen des indianischen Tierkreises

Irgendwann wechselten die nordamerikanischen Indianer vom Mondkalender zum westlichen Kalender über, nur dass ihr Jahreszyklus nicht zur Tagundnachtgleiche, sondern zur Wintersonnenwende beginnt. Jede Jahreszeit wird einer Himmelsrichtung zugeordnet – der Norden ist der Winter, die Zeit, in der die Erde ruht; der Osten der Frühling, er steht für das Erwachen. Der Süden ist der Sommer, der Höhepunkt des Jahres, und der Westen der Herbst, die Zeit der Jagd, aber auch des Krieges. Darüber hinaus ist jeder der vier Jahreszeiten noch ein Geisterwächter zugeordnet. Jedem der zwölf Tierkreiszeichen sind ein Mond, eine Pflanze, ein Mineral und eine Farbe zugeordnet. Zudem sind alle Zeichen desselben Elements zu einem Clan zusammengeschlossen: Feuerzeichen gehören zum Habichts-, Erdzeichen zum Schildkröten-, Luftzeichen zum Schmetterlings- und Wasserzeichen zum Frosch-Clan. Hier die zwölf Zeichen im Überblick:

Totemtier	Farbe	Mineral	Pflanze	Elemente-Clan	Nordhalbkugel
Schneegans	Weiß	Quarz	Birke	Schildkröte	22.12.–19.01.
Otter	Silber	Silber	Espe	Schmetterling	20.01.–18.02.
Wolf	Blaugrün	Türkis	Platane	Frosch	19.02.–20.03.
Falke	Gelb	Feueropal	Löwenzahn	Habicht	21.03.–19.04.
Biber	Blau	Chrysokoll	Blaue Schwertlilie	Schildkröte	20.04.–20.05.
Hirsch	Weiß und Grün	Moosachat	Schafgarbe	Schmetterling	21.05.–20.06.
Specht	Rosa	Karneol	Wilde Rose	Frosch	21.06.–22.07.
Lachs	Rot	Granat und Eisen	Himbeere	Habicht	23.07.–22.08.
Braunbär	Purpur	Amethyst	Veilchen	Schildkröte	23.08.–22.09.
Rabe	Braun	Jaspis	Königskerze	Schmetterling	23.09.–22.10.
Schlange	Orange	Kupfer	Distel	Frosch	23.10.–21.11.
Eule	Schwarz	Obsidian	Fichte	Habicht	22.11.–21.12.

Wenn du wissen möchtest, welches indianische Zeichen du bist, dann lies ab den Seiten 42 und 55 nach.

Das keltische Baumhoroskop

In den heidnischen Märchen und Sagen Nordeuropas spielen Bäume eine wichtige Rolle. Da man die einzelnen Baumarten mit bestimmten Göttern in Verbindung brachte, wurden diese häufig verehrt und angebetet. Aus diesen Ritualen sowie aus frühen Formen der Sonnen- und Mondastrologie entwickelte sich schließlich das keltische Baumhoroskop.
Es beruht auf dem keltischen Baumkreis, der sich aus insgesamt 44 Baumsymbolen zusammensetzt. Jedes davon steht für einen anderen Charakter. Die meisten Zeichen herrschen nur über einen sehr kurzen Zeitraum, die für die Tagundnachtgleichen und die Sonnenwenden sogar nur über einen einzigen Tag. Diese 44 Symbole bestehen aus 23 verschiedenen Bäumen, sodass manche Bäume häufiger vorkommen und mehrere Zeitabschnitte beherrschen. Im Kapitel „Welches Zeichen bin ich?“ ab Seite 42 kannst du nachlesen, welcher Baum du bist, um dann im Kapitel „Mein Horoskop“ ab Seite 55 zu erfahren, welchen Einfluss er auf deinen Charakter hat.

Runenastrologie

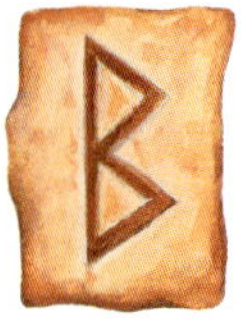

Runen sind die Buchstaben eines uralten Alphabets, die ursprünglich in Holz oder auf glatte Kiesel eingraviert wurden. Entstanden ist dieses so genannte Runenalphabet in Nordeuropa und Skandinavien und fand nicht nur bei den Sachsen und anderen altgermanischen Völkern Verbreitung, sondern auch bei den Wikingern. Je nachdem, ob das aus Runen zusammengesetzte Wort einen germanischen, sächsischen oder nordisch-wikingischen Ursprung hat, gibt es Unterschiede in der Aussprache und Buchstabierung der einzelnen Runenzeichen.

Wie dieses Alphabet entstanden ist, berichtet eine alte Legende: Ihr zufolge hing der nordgermanische Sternengott Odin, der im südgermanischen Raum den Namen Wotan trägt, neun Tage lang kopfüber am heiligen Baum Yggdrasil, bis er zur Erleuchtung gelangte. Während dieser Zeit entdeckte er die Runen, die zwischen den Wurzeln des heiligen Baums verstreut lagen, und lernte sie zu deuten und zu einem Alphabet zusammenzusetzen.

Interessanterweise ist die Runenastrologie die einzige Astrologieform, die aus der Notwendigkeit heraus entstand, ein Alphabet zu erfinden – die meisten anderen Astrologien entwickelten sich, weil man einen Kalender benötigte.
Die Bedeutung der einzelnen Runenzeichen leitet sich zu einem Teil aus der Landwirtschaft, dem Wetter, der Geografie, den Pflanzen und den Mythen und Legenden der nordeuropäischen und skandinavischen Völker ab, die neben Odin (Wotan) Gottheiten wie Thor und Freya verehrten.

Jedes Runenzeichen herrscht über zwei Wochen. Da das Runenalphabet aus 24 Runen besteht, lassen sich diese hervorragend unseren zwölf Monaten zuordnen. Die vier Wochen, die zu unseren 52 Wochen noch fehlen, werden vom Zeichen Hagalaz – Ende Oktober bis Anfang November – und dem Zeichen Jera – Weihnachten und die Zeit kurz vor Neujahr – abgedeckt.
Welches Runenzeichen für dich gilt, kannst du ab Seite 42 nachschlagen.

Afrikanische Astrologie

In Nordafrika treffen die ägyptische und die arabische Kultur aufeinander und somit auch verschiedene astrologische Traditionen. Ähnlich wie die vedische Astrologie berufen auch sie sich auf ein Regelwerk, das auf den Häusern des Monds beruht (s. S. 28). Über die verschiedenen Kolonialherren, Sklaven und Sklavenhändler gelangten viele weitere Astrologietraditionen auf den schwarzen Kontinent. Darüber gibt es auch schriftliche Aufzeichnungen, größtenteils in arabischer Sprache. Doch viele Stämme in Zentral- und Südafrika hatten keine Schrift entwickelt und waren so nicht in der Lage, Aufzeichnungen zu machen und die Astrologie wissenschaftlich zu betreiben. Aus diesem Grund gibt es vor allem in Westafrika die Tradition, Tierspuren zu untersuchen – eine Form der Astrologie, die auch den Indianern Nordamerikas bekannt ist (s. S. 29). Für dieses Ritual, das schon auf die alten Ägypter zurückgeht, bestimmt der Schamane eine geeignete Fläche in der Nähe des Dorfs und markiert diese mit mehreren Holzstäben. Dieser abgesteckte Bereich symbolisiert nun einen bestimmten Himmelsabschnitt. Anschließend spannt er darin dicht über dem Boden ein Muster aus sich kreuzenden Schnüren, das über Nacht so stehen bleibt. Am nächsten Morgen untersucht der Schamane die zuvor präparierte Fläche nach Spuren von Tieren, die während der Nacht hindurchgelaufen sind.

Aus solchen Naturbeobachtungen und den vielfältigen astrologischen Einflüssen entwickelte sich in Afrika mit der Zeit eine ganz eigene Symbolsprache, mit der man den Charakter eines Menschen bestimmen kann.

Wenn du dein Zeichen nach der afrikanischen Astrologie wissen möchtest, dann schlage in den Monatstabellen ab Seite 42 nach. Eine Deutung findest du im Kapitel „Mein Horoskop“ ab Seite 55.

Welches Zeichen bin ich?

Im ersten Teil des Buchs hast du einiges über die verschiedenen Astrologien erfahren. Jetzt möchtest du sicherlich wissen, welches Sternzeichen du in der westlichen, chinesischen, vedischen, indianischen, keltischen, der Runen- oder der westafrikanischen Astrologie bist. Dazu siehst du einfach in den nun folgenden Monatstabellen unter deinem Geburtstag nach. Schlage die Seite mit deinem Geburtsmonat auf und zähle die einzelnen Kästchen bis zu deinem Geburtsdatum durch. Angenommen du hast am 25. Januar Geburtstag, dann ergibt sich folgendes Bild:

Westliche Astrologie:	Wassermann
Chinesische Astrologie:	passive Erde, Büffel
Vedische Astrologie:	Makara, entspricht dem Steinbock
Mondhaus 25:	Purva Bhadra
Indianische Astrologie:	Otter, Schmetterlings-Clan
Westafrikanische Astrologie:	Affenbrotbaum
Keltische Baumastrologie:	Zypresse
Nordische Runenastrologie:	Pertho

Da es sich bei einigen Astrologien um Mondsysteme handelt, können sich einzelne Zeichen von einem Jahr zum nächsten verschieben. Wer an der Schwelle zwischen zwei Sternzeichen Geburtstag hat, sollte im Kapitel „Mein Horoskop“ ab Seite 55 sicherheitshalber beide Zeichen durchlesen.

Januar

1

Westlich	Chinesisch	Vedisch	24. Haus	Indianisch	West-afrikanisch	Keltischer Baumkreis	Nordische Runen
Steinbock	passive Erde, Büffel	Dhanus, wie Schütze	Shatabhishak	Schneegans, Schildkröten-Clan	Die Ernte und der Kornspeicher	Apfelbaum	Ehwaz

2

Keltischer Baumkreis
Tanne

3

4

Westafrikanisch
Affenbrotbaum

5

6

7

8

9

10

11

12

Keltischer Baumkreis
Ulme

13

Nordische Runen
Pertho

14

15

25. Haus
Purva Bhadra

16

17

18

19

Indianisch
Otter, Schmetterlings-Clan

20

Westlich
Wassermann

21

22

23

24

25

Vedisch
Makara, wie Steinbock

Keltischer Baumkreis
Zypresse

26

27

28

26. Haus
Uttara Bhadra

Nordische Runen
Algiz

29

30

31

Februar

1

Westlich	Chinesisch	Vedisch	26. Haus	Indianisch	Westafrikanisch	Keltischer Baumkreis	Nordische Runen
Wassermann	aktives Holz, Tiger	Makara, wie Steinbock	Uttara Bhadra	Otter, Schmetterlings-Clan	Affenbrotbaum	Zypresse	Algiz

2

3

4

Westafrikanisch
Reichtum an Bernstein und Silber

Keltischer Baumkreis
Pappel

5

6

7

8

9

Keltischer Baumkreis
Zeder

10

27. Haus
Revati

11

12

Nordische Runen
Sowelo

13

14

15

16

17

18

19

Indianisch
Wolf, Frosch-Clan

Keltischer Baumkreis
Kiefer

Westlich
Fische

20

21

22

23

24

Vedisch
Kumbha, wie Wassermann

1. Haus
Ashwini

25

26

27

Nordische Runen
Tiwaz

28

29

März

1

Westlich	Chinesisch	Vedisch	1. Haus	Indianisch	Westafrikanisch	Keltischer Baumkreis	Nordische Runen
Fische	passives Holz, Hase	Kumbha, wie Wassermann	Ashwini	Wolf, Frosch-Clan	Reichtum an Bernstein und Silber	Weidenbaum	Tiwaz

2

3

4

5

Westafrikanisch
Die Familie

6

7

8

9

2. Haus
Bharani

10

11

Keltischer Baumkreis
Linde

12

13

14

Nordische Runen
Berkana

15

16

17

18

19

20

21

Indianisch
Falke, Habichts-Clan

Keltischer Baumkreis
Eiche

Westlich
Widder

22

3. Haus
Krittika

Keltischer Baumkreis
Haselbaum

23

24

25

26

Vedisch
Meena, wie Fische

27

28

29

30

Nordische Runen
Ehwaz

31

April

1

Westlich	Chinesisch	Vedisch	3. Haus	Indianisch	Westafrikanisch	Keltischer Baumkreis	Nordische Runen
Widder	aktive Erde, Drache	Meena, wie Fische	Krittika	Falke, Habichts-Clan	Die Familie	Esche	Ehwaz

2

3

4

5

4. Haus
Rohini

Westafrikanisch
Gefälligkeiten für die Nachbarschaft

6

7

8

9

10

11

Keltischer Baumkreis
Ahorn

12

13

14

Nordische Runen
Mannaz

15

16

17

18

5. Haus
Mrigashira

19

20

Indianisch
Biber, Schildkröten-Clan

21

Westlich
Stier

Keltischer Baumkreis
Walnussbaum

22

23

24

25

Vedisch
Mesha, wie Widder

26

27

28

29

Nordische Runen
Laguz

30

Mai

1

- **Westlich:** Stier
- **Chinesisch:** passives Feuer, Schlange
- **Vedisch:** Mesha, wie Widder
- **6. Haus:** Arda
- **Indianisch:** Biber, Schildkröten-Clan
- **Westafrikanisch:** Gefälligkeiten für die Nachbarschaft
- **Keltischer Baumkreis:** Pappel
- **Nordische Runen:** Laguz

2

3

4

5
- **Westafrikanisch:** Der Markt

6

7

8

9

10

11

12

13

14
- **Nordische Runen:** Inguz

15
- **Keltischer Baumkreis:** Kastanie

16
- **7. Haus:** Punarvasu

17

18

19

20

21
- **Indianisch:** Hirsch, Schmetterlings-Clan

22
- **Westlich:** Zwillinge

23

24

25
- **Keltischer Baumkreis:** Esche

26
- **Vedisch:** Vrishaba, wie Stier

27

28
- **8. Haus:** Pushya

29
- **Nordische Runen:** Othila

30

31

Juni

1

Westlich	Chinesisch	Vedisch	8. Haus	Indianisch	Westafrikanisch	Keltischer Baumkreis	Nordische Runen
Zwillinge	aktives Feuer, Pferd	Vrishaba, wie Stier	Pushya	Hirsch, Schmetterlings-Clan	Der Markt	Esche	Othila

2

3

4

Westafrikanisch

Der Vorfahre

Keltischer Baumkreis

Hagebuche

5

6

7

8

9

10

11

12

9. Haus

Ashlesha

13

14

Keltischer Baumkreis

Feigenbaum

Nordische Runen

Dagaz

15

16

17

18

19

20

21

Indianisch

Specht, Frosch-Clan

22

Westlich

Krebs

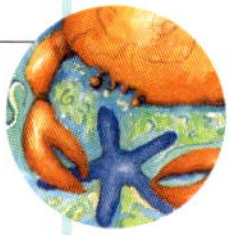

23

24

Keltischer Baumkreis

Birke

25

Keltischer Baumkreis

Apfel

26

Vedisch

Mithuna, wie Zwillinge

27

10. Haus

Magha

28

29

Nordische Runen

Fehu

30

Juli

1

Westlich	Chinesisch	Vedisch	10. Haus	Indianisch	Westafrikanisch	Keltischer Baumkreis	Nordische Runen
Krebs	passive Erde, Ziege	Mithuna, wie Zwillinge	Magha	Specht, Frosch-Clan	Der Vorfahre	Apfelbaum	Fehu

2	**3**	**4**	**5**	**6**	**7**	
			Westafrikanisch Der Richter **Keltischer Baumkreis** Tanne			
8	**9**	**10**	**11**	**12**	**13**	
		**10. Haus** Purva Phagune				
14	**15**	**16**	**17**	**18**	**19**	
Nordische Runen Uruz	**Keltischer Baumkreis** Ulme					
20	**21**	**22**	**23**	**24**	**25**	
	Indianisch Lachs, Habichts-Clan		**Westlich** Löwe	**12. Haus** Uttara Phalguni		
26	**27**	**28**	**29**	**30**	**31**	
Keltischer Baumkreis Zypresse		**Vedisch** Karkarta, wie Krebs	**Nordische Runen** Thurisaz			

August

1

Westlich	Chinesisch	Vedisch	12. Haus	Indianisch	Westafrikanisch	Keltischer Baumkreis	Nordische Runen
Löwe	aktives Metall, Affe	Karkarta, wie Krebs	Uttara Phalguni	Lachs, Habichts-Clan	Der Richter	Zypresse	Thurisaz

2	**3**	**4**	**5**	**6**	**7**
			Westafrikanisch Die Kolanuss **Keltischer Baumkreis** Pappel		**13. Haus** Hasta
8	**9**	**10**	**11**	**12**	**13**
		**10. Haus** Purva Phagune			
14	**15**	**16**	**17**	**18**	**19**
Keltischer Baumkreis Zeder **Nordische Runen** Ansuz					
20	**21**	**22**	**23**	**24**	**25**
	14. Haus Chitra		**Indianisch** Braunbär, Schildkröten-Clan	**Westlich** Jungfrau **Keltischer Baumkreis** Kiefer	
26	**27**	**28**	**29**	**30**	**31**
		 **Vedisch** Simha, wie Löwe	**Nordische Runen** Raidho		

September

1

Westlich
Jungfrau

Chinesisch
passives Metall, Hahn

Vedisch
Simha, wie Löwe

14. Haus
Chitra

Indianisch
Braunbär, Schildkröten-Clan

Westafrikanisch
Die Kolanuss

Keltischer Baumkreis
Kiefer

Nordische Runen
Raidho

2

3

15. Haus
Swati

Keltischer Baumkreis
Weidenbaum

4

Westafrikanisch
Der Reisende

5

6

7

8

9

10

11

12

13

Keltischer Baumkreis
Linde

Nordische Runen
Kaunaz

14

15

16

17

18

19

20

21

16. Haus
Vahaka

22

23

Indianisch
Rabe, Schmetterlings-Clan

Keltischer Baumkreis
Olivenbaum

Westlich
Waage

24

Keltischer Baumkreis
Haselbaum

25

26

27

28

Vedisch
Kanya, wie Jungfrau

Nordische Runen
Gebo

29

30

Oktober

1

Westlich	Chinesisch	Vedisch	17. Haus	Indianisch	Westafrikanisch	Keltischer Baumkreis	Nordische Runen
Waage	aktive Erde, Hund	Kanya, wie Jungfrau	Anuradha	Rabe, Schmetterlings-Clan	Der Reisende	Haselbaum	Gebo

2	3	4	5	6	7
		**Westafrikanisch** Die Entfernung **Keltischer Baumkreis** Esche			

8	9	10	11	12	13
					**Nordische Runen** Wunjo

14	15	16	17	18	19
18. Haus Chitra **Keltischer Baumkreis** Ahorn					

20	21	22	23	24	25
			Keltischer Baumkreis Walnussbaum	**Westlich** Skorpion **Indianisch** Schlange, Frosch-Clan	

26	27	28	29	30	31
		**Vedisch** Thulaa, wie Waage **Nordische Runen** Hagalaz			

November

1

Westlich	Chinesisch	Vedisch	18. Haus	Indianisch	Westafrikanisch	Keltischer Baumkreis	Nordische Runen
Skorpion	rezeptives Wasser, Schwein	Thula, wie Waage	Jyestha	Schlange, Frosch-Clan	Die Entfernung	Walnussbaum	Hagalaz

2

3

19. Haus
Mula

Keltischer Baumkreis
Eibe

4

Westafrikanisch
Das Kind der Welt

5

6

7

8

9

10

20. Haus
Purvashada

11

12

Keltischer Baumkreis
Kastanie

13

Nordische Runen
Nauthiz

14

15

16

17

18

19

20

21

22

Indianisch
Eule, Habichts-Clan

Keltischer Baumkreis
Esche

23

Westlich
Schütze

21. Haus
Urrarashada

24

25

26

27

Vedisch
Vrishchika, wie Skorpion

28

Nordische Runen
Isa

29

30

Dezember

1

Westlich	Chinesisch	Vedisch	21. Haus	Indianisch	Westafrikanisch	Keltischer Baumkreis	Nordische Runen
Schütze	aktives Wasser, Ratte	Vrishchika, wie Skorpion	Uttarshada	Eule, Habichts-Clan	Das Kind der Welt	Esche	Isa

2	3	4	5	6	7
Keltischer Baumkreis Hagebuche		**Westafrikanisch** Die Ernte und der Kornspeicher			**22. Haus** Shravana

8	9	10	11	12	13
				Keltischer Baumkreis Feigenbaum	**Nordische Runen** Jera 

14	15	16	17	18	19
			**23. Haus** Dhanista		

20	21	22	23	24	25
		**Indianisch** Schneegans, Schildkröten-Clan **Keltischer Baumkreis** Hagebuche **Westlich** Steinbock	**Keltischer Baumkreis** Apfelbaum		

26	27	28	29	30	31
	**Vedisch** Dhanus, wie Schütze	**Nordische Runen** Ehwaz			

Mein
Horoskop
Monat
für
Monat

Januar ~ Steinbock

1. bis 19.

Wenn du unter dem Erdzeichen *Steinbock* geboren bist, bist du wahrscheinlich praktisch veranlagt, sensibel, ehrgeizig und fühlst dich in einer vertrauten Umgebung am wohlsten. Januar-Steinböcke sind ein wenig wagemutiger und mehr an Kunst und Literatur interessiert als Dezember-Steinböcke. Das chinesische Monatszeichen *Büffel* bedeutet, dass du es gern gemütlich und bequem hast und auch ansonsten ein richtiger Genussmensch bist. Trotzdem arbeitet die Büffelfrau hart, denn nichts fürchtet sie mehr, als eines Tages ohne Geld dazustehen. Das passive Erdelement weist ebenfalls auf hohe Leistungsbereitschaft hin. Wer unter diesem Zeichen geboren wurde, ist nicht nur handwerklich geschickt, sondern hat auch eine rasche Auffassungsgabe. Das vedische Zeichen *Dhanus* steht für Reiselust und für Menschen, die sich gern mit einem Hauch von Glamour umgeben. Unter diesem Zeichen Geborene sind vielseitig interessiert, lernen gern und lieben es, anderen etwas beizubringen. Die vedischen Häuser sind *Shatabhishak*, das auf großes Einfühlungsvermögen hinweist, sowie *Purva Bhadra*: Du hast wirklich Durchhaltevermögen! Die indianische *Schneegans* aus dem Schildkröten-Clan ist sehr traditionsbewusst und gibt sich gerne vornehm. Wer stattdessen unter dem Zeichen des *Otters* geboren wurde, ist erfindungsreich. Fällst du unter das westafrikanische Zeichen *Die Ernte und der Kornspeicher*, dann gehörst du zu denen, die in guten Zeiten etwas für schlechte zurücklegen. Und doch bist du alles andere als ängstlich, sondern im Gegenteil sehr selbstsicher. Auch die keltische *Tanne* steht für eine willensstarke und zugleich sensible Persönlichkeit und der *Apfelbaum* für eine stilvolle und selbstbewusste Natur. *Ulmen-Steinböcke* brauchen etwas länger, bis sie jemanden ins Herz schließen, während unter dem Runenzeichen *Ehwaz* Geborene Liebe zum Detail zeigen.

Januar ~ Wassermann

ab 20.

Als Luftzeichen *Wassermann* liebst du deine Unabhängigkeit und zeigst Selbstbewusstsein. Du bist intelligent und vielseitig interessiert. Der chinesische *Büffel* wiederum sorgt für praktische Begabung und macht eine gewissenhafte Arbeiterin aus dir, während dich das passive Erdelement geniale Lösungen für schwierige Projekte finden lässt. Das vedische Zeichen *Makara* verleiht dir großen Ehrgeiz und ein Erfolgsstreben, das Außenstehende auf den ersten Blick gar nicht bei dir vermuten würden. Das Haus *Purva Bhadra* wiederum steht für deine Liebe zur Literatur und Dichtkunst, sorgt aber bisweilen für unrealistische Vorstellungen. Das kann dir so manche Enttäuschung bereiten. Das Haus *Uttara Bhadra* dagegen steht für einen überaus wachen Verstand, Redegewandtheit, Mut, Kampfgeist und die Fähigkeit, Verantwortung zu übernehmen. Der indianische *Otter* aus dem Schmetterlings-Clan bringt Schlauheit, Verspieltheit und Hilfsbereitschaft mit ein. Er verleiht dir einen großartigen Sinn für Humor und bescheinigt dir die Fähigkeit zu logischem Denken. Der westafrikanische *Affenbrotbaum* wiederum steht für natürliche Autorität, Ehrlichkeit, Menschlichkeit und einen realistischen Blick auf die Welt. Die keltische *Ulme* geht gern ein wenig auf Distanz, während die *Zypresse* ihre Unabhängigkeit liebt und stets auf ein attraktives Äußeres bedacht ist. Wer unter diesem Zeichen geboren wurde, möchte, dass die anderen genauso offen und ehrlich sind wie man selbst. Das nordische Runenzeichen *Pertho* sorgt dafür, dass du dich bisweilen selbst nicht verstehst und auch deinen Mitmenschen so manches Rätsel aufgibst. Wer dagegen unter dem Runenzeichen *Algiz* geboren wurde, ist häufig sehr verträumt – das gilt ganz besonders für Wassermänner. Doch wenn es darauf ankommt, wissen sie ihre vielseitigen Begabungen stets richtig einzusetzen.

Februar ~ Wassermann

1. bis 18.

Wurdest du in der zweiten Hälfte des Luftzeichens *Wassermann* geboren, dann bist du ein wahres Kommunikationstalent und verfügst über ein erhebliches Durchsetzungsvermögen. Das chinesische Zeichen des aktiven *Holz-Tigers* macht dich zu einer schillernden Persönlichkeit mit einer geradezu magnetischen Ausstrahlung und viel Sinn für Humor. Das aktive Holzelement wiederum ermutigt dich deine Interessen zielstrebig zu verfolgen. Frauen, die unter diesem Zeichen geboren wurden, sind häufig sehr erfolgreich, mögen es jedoch gar nicht, wenn sie für andere arbeiten müssen. Das vedische Zeichen *Makara* sorgt für Bodenständigkeit, gesunden Menschenverstand und praktisches Geschick, während dir das Haus *Uttara Bhadra* eine überdurchschnittliche Redegewandtheit bescheinigt. Wer dagegen unter dem Haus *Revati* geboren wurde, besitzt Organisationstalent, ist fleißig, erfolgreich und wird weit in der Welt herumkommen. Der indianische *Otter* aus dem Schmetterlings-Clan steuert logisches Denken und Sinn für Humor bei. Unter diesem Zeichen Geborene sind gute Freundinnen und bei allen sehr beliebt. Im westafrikanischen Horoskop steht der Monatsbeginn unter dem Einfluss des gebieterischen, aber sympathischen *Affenbrotbaums*, der schon bald dem des Zeichens *Reichtum an Bernstein und Silber* weicht: Dieses sorgt für starke Emotionen und macht erfinderisch. Der Monat beginnt mit dem keltischen Baumzeichen *Zypresse*, das für gutes Aussehen und ein vornehmes Wesen steht, wechselt aber schon bald zur *Pappel*, die sich häufig zu viele Sorgen um andere macht. Auf sie folgt die dynamische und abenteuerlustige *Zeder*, die in Herzensdingen sehr empfindlich sein kann. Das Runenzeichen *Algiz* macht dich zum Glückskind, während *Sowelo*-Geborene sehr eigensinnig sein können und Fehler nur ungern zugeben.

Februar ~ Fische

ab 19.

Als sanftes, kreatives Wasserzeichen *Fische* gehst du gerne aus und triffst interessante Leute. Manche Fische leiden unter dem so genannten Helfersyndrom – sie können Jahre damit verbringen, sich selbstlos für andere einzusetzen, während sie ihre eigenen Bedürfnisse vernachlässigen. Zum Glück versorgt sie der chinesische *Tiger* mit genügend Selbstbehauptungswillen und Ehrgeiz, sodass sie ihre Ziele selten völlig aus dem Auge verlieren. Das aktive Holzelement wiederum verleiht dir eine gehörige Portion Idealismus und lässt dich auf andere intelligent und vertrauenswürdig wirken. Zunächst herrscht das vedische *Makara*, das auf Ehrgeiz und praktische Begabung hinweist, wechselt aber rasch in das Zeichen *Kumbha*, wo du mit Hilfe von Erfindungsgeist und Hartnäckigkeit große Erfolge feiern kannst. Beide Häuser tragen dazu bei, dass du nicht nur das Herz, sondern auch die Vernunft sprechen lässt. Das Haus *Revati* verleiht dir Organisationstalent und sorgt für Reiselust, wechselt aber bald ins Haus *Ashwini*, das kühn und mutig macht. Im indianischen Horoskop herrscht der *Wolf* aus dem Frosch-Clan, der dich spirituellen Dingen gegenüber aufgeschlossen macht. Unter diesem Zeichen Geborene sind später häufig in Heilberufen tätig. Das Zeichen *Reichtum an Bernstein und Silber* im westafrikanischen Horoskop steht für tiefe Empfindungen und ein großes Freiheitsbedürfnis. Solche Menschen sind gleichzeitig sehr einfühlsam und daher vorzügliche Ratgeber. Die keltische *Kiefer* dagegen ist eine Perfektionistin, die sehr auf ihr Äußeres achtet, während das nordische Runenzeichen *Sowelo* für eine schnelle Auffassungsgabe und rasches Handeln steht. Das darauf folgende Runenzeichen *Tiwaz* signalisiert Intelligenz und ein Talent, Streitigkeiten zu schlichten. Unter diesem Zeichen Geborene halten stets, was sie versprechen.

März ~ Fische

1. bis 20.

Als Wasserzeichen *Fische* legst du keinen so großen Wert auf materielle Dinge, sondern bist eher idealistisch veranlagt. Du hast mit hoher Wahrscheinlichkeit eine künstlerische Ader und bisweilen eine etwas chaotische Lebensweise. Das chinesische Zeichen des passiven *Holz-Hasen* bringt eine Hartnäckigkeit und ein Temperament mit ein, das Februarfischen normalerweise abgeht, steht aber auch für Feingefühl, Stilsicherheit und die Fähigkeit, andere zu beraten. Das vedische Zeichen *Kumbha* macht dich anderen Menschen gegenüber sehr aufgeschlossen. Zu Beginn des Monats herrscht das vedische Haus *Ashwini*, das auf eine abenteuerlustige Person hinweist. Auf dieses Haus folgt schon bald das Haus *Bharani*, das dir künstlerisches Talent bescheinigt. Manche Menschen werden damit sehr erfolgreich, doch nicht alle können von ihrer Begabung leben. Als indianischer *Wolf* bist du sehr naturverbunden, tust dich jedoch manchmal schwer deine wahren Gefühle zu zeigen. Das westafrikanische Zeichen *Reichtum an Bernstein und Silber* steht für Menschen, die von Erfindungsgeist und Freiheitsdrang geprägt sind, gleichzeitig jedoch sehr an ihrer Familie und ihren Freunden hängen und sich rührend um sie kümmern. Der keltische *Weidenbaum* hat fast so etwas wie einen sechsten Sinn und interessiert sich sehr für spirituelle Dinge. Das Zeichen wechselt zur *Linde*, die ebenfalls spirituelle Interessen hat, manchmal jedoch ein wenig zum Perfektionismus neigt. Das nordische Runenzeichen *Tiwaz* verleiht dir eine starke Persönlichkeit und steht überdies für einen sehr verlässlichen Menschen: Du hältst, was du versprichst! Das Zeichen *Berkana* weist dich als einen kinderlieben Menschen aus, der viel Wert auf ein harmonisches Zuhause legt.

März ~ Widder

ab 21.

Das aktive, energische Feuerzeichen *Widder* ist überaus tapfer und lässt sich so schnell nicht einschüchtern. Widderfrauen sind normalerweise humorvoll und ihren Mitmenschen gegenüber sehr freundlich – doch haben sie sich einmal etwas in den Kopf gesetzt, verfolgen sie ihr Ziel bisweilen ohne Rücksicht auf Verluste. Das chinesische Zeichen *Hase* verleiht dir eine gewisse Klasse, zeigt aber auch, dass du sehr an deinen Freunden hängst, selbst wenn dich das passive Holzelement manchmal in Streitigkeiten verwickelt. Das exzentrische vedische Zeichen *Kumba* herrscht zu Beginn der zweiten Märzhälfte, wird aber schon bald vom sanften Zeichen *Meena* abgelöst, das für ein großes Interesse an spirituellen Dingen sorgt. Das erste der vedischen Häuser ist *Bharani*, das große Begabung signalisiert, aber auch Streitigkeiten mit neidischen Freunden. Diesem folgt schon bald *Krittika*, das dir Respekt, Ruhm und Erfolg bringt. Der indianische *Falke* wiederum verweist auf eine energische Persönlichkeit. Auf Grund ihrer Weitsicht kann die Falkenfrau so mancher Idee zum Erfolg verhelfen. Das westafrikanische Zeichen *Die Familie* steht für das Bedürfnis, sich um andere zu kümmern oder sie anzuführen. Im keltischen Baumkreis herrscht zunächst die *Eiche*. Sie macht dich großzügig und verleiht dir einen Sinn fürs Praktische. Danach übernimmt der *Haselnussbaum*, der dich als begeisterungsfähige Person ausweist, die andere durch ihre gewinnende Art schnell in ihren Bann zieht – eine echte Herzensbrecherin also, die darauf achten sollte, die Gefühle anderer nicht zu verletzen. Das nordische Runenzeichen *Berkana* wiederum steht für das Bedürfnis nach einem harmonischen Zuhause, während das darauf folgende Zeichen *Ehwaz* auf eine ruhige Persönlichkeit hinweist, die große Ziele hat: Stille Wasser sind tief!

April ~ Widder

1. bis 20.

Als extrovertiertes Feuerzeichen *Widder* strotzt du nur so vor Optimismus und Energie – wenn du willst, kannst du Berge versetzen! Die humorvolle, offene Art der Widderfrau spiegelt sich auch im chinesischen *Drachen* wider, der als aktives Erdzeichen für Weitblick und Organisationstalent sorgt. Viele Drachenfrauen sind die geborenen Anführerinnen! Das vedische Zeichen *Meena* lässt dich genügend Rücksicht auf andere nehmen und sorgt für Einfühlungsvermögen. Das erste Haus im April ist *Krittika* und signalisiert Erfolg, Ansehen und Ruhm. Darauf folgt das Haus *Rohini*, das dich als intelligente, redegewandte Person ausweist. Das nächste Haus ist *Mrigashira*; es besagt, dass du in Schule, Familie und Freundeskreis große Anerkennung erfährst. Der indianische *Falke* aus dem Habichts-Clan ist der geborene Anführer und gleichzeitig freundlich und großzügig. Er wechselt am letzten Tag zum *Biber* aus dem Schildkröten-Clan: Der lässt sich nicht gern hetzen, ist aber äußerst hilfsbereit. Das westafrikanische Zeichen *Die Familie* weist ebenfalls auf eine soziale Ader hin, wechselt aber schon bald in das Zeichen *Gefälligkeiten für die Nachbarschaft*: Wer unter diesem Zeichen geboren ist, hat großes Verantwortungsbewusstsein. Die keltische *Esche* wiederum erweist sich bisweilen als richtige Geheimniskrämerin. Ansonsten ist sie eine durchaus liebenswürdige Person, die gut mit Geld umgehen kann. Der Wechsel zum *Ahorn* weist wieder auf eine geborene Anführerin hin, die ihre Ziele ehrgeizig verfolgt. Doch unter ihrer harten Schale steckt ein weicher Kern. Menschen, die unter dem nordischen Runenzeichen *Ehwaz* geboren wurden, sind überaus hilfsbereit. Doch auch für sie gilt: Stille Wasser sind tief! Der Wechsel zu *Mannaz* dagegen steht für Personen mit hohen intellektuellen Ansprüchen.

April ~ Stier

ab 21.

Das Erdzeichen *Stier* ist verlässlich, sensibel, praktisch und ehrlich. Es hat eine künstlerische Ader und ist geschickt mit den Händen. Das aktive Erdelement des chinesischen Zeichens verstärkt diesen Sinn fürs Praktische: Stierfrauen machen nicht viele Worte – sie packen zu und handeln! Der chinesische *Drache* wiederum steht für eine starke Persönlichkeit, die manchmal etwas stur sein kann. Ihr Sinn für Humor und ihr offenes Wesen machen Drachen jedoch überall beliebt. Das vedische Zeichen *Mesha* sorgt für Abenteuerlust und bringt Ehrgeiz ins Spiel. Wurdest du unter diesem Zeichen geboren, bist du sehr hilfsbereit, vernachlässigst darüber aber nicht deine eigenen Bedürfnisse. Das Haus *Mrigashira* bringt dir große Anerkennung in Schule und Beruf. Wer unter dem Zeichen des indianischen *Bibers* geboren wurde, weiß, was harte Arbeit bedeutet. Biber sind sehr verantwortungsbewusst. Wer mit ihnen befreundet ist, kann sich hundertprozentig auf sie verlassen!

Das westafrikanische Zeichen *Gefälligkeiten für die Nachbarschaft* bedeutet, dass man häufig von dir verlangt Verantwortung für andere zu übernehmen. Aus diesem Grund handelst du selten vorschnell, sondern stets überlegt. Menschen, die unter dem keltischen Zeichen *Walnussbaum* geboren wurden, verfügen über einen ausgeprägten Realitätssinn, sind fleißig und sensibel. Nach getaner Arbeit machen sie es sich am liebsten zu Hause gemütlich: Walnussbäume können Stunden damit verbringen, ihr Zimmer oder ihre Wohnung schön einzurichten. Das nordische Runenzeichen *Laguz* dagegen hat ein anderes Naturell. Laguz-Frauen sind überdurchschnittlich einfühlsam und verständnisvoll. Sie haben ein offenes Wesen und kümmern sich gern um andere. Wenn du unter diesem Zeichen geboren wurdest, hast du einen entscheidenden Vorteil: Du wirst dein Leben lang jung aussehen.

Mai ~ Stier

1. bis 21.

Als praktisches Erdzeichen *Stier* bist du kreativ, äußerst zuverlässig und umgibst dich gern mit schönen Dingen. Die chinesische *Schlange* bestätigt deine kreative Ader, weist aber auch auf ein eher zurückhaltendes Wesen hin. Das wird durch das passive Element Feuer wieder ausgeglichen, das für Extrovertiertheit, Abenteuerlust und Energie sorgt – viele talentierte Schauspielerinnen oder Sängerinnen wurden unter diesem Zeichen geboren. Das vedische Zeichen *Mesha* wiederum steht für Spontaneität, Mut, Freundlichkeit und Sinn für Humor, aber auch für gesunden Egoismus. Das Haus *Ardra* weist auf Wohlstand hin, doch der Weg dorthin ist mit Steinen gepflastert. *Punarvasu* kennzeichnet geistreiche, intelligente Personen, die es zu großem Ruhm bringen können, in Gelddingen jedoch Vorsicht walten lassen sollten. Das indianische Zeichen des fleißigen *Bibers* aus dem Schildkröten-Clan beherrscht beinahe den ganzen Zeitraum und zeigt, dass du deine Freundschaften sehr ernst nimmst. Das westafrikanische Zeichen *Gefälligkeiten für die Nachbarschaft* wiederum macht dich zur geborenen Anführerin; später erfolgt ein Wechsel zum Zeichen *Der Markt*, das für dein großes Bedürfnis nach finanzieller und emotionaler Sicherheit steht. Der erste keltische Baum ist die *Pappel*: Sie weist auf ein bewegtes Leben hin, an dem du zunehmend wächst. Dann erfolgt ein Wechsel zur *Kastanie*: Menschen, die unter diesem Zeichen geboren wurden, verfügen über ein ausgeprägtes Organisationstalent. Doch aufgepasst: Manchmal würden sie besser fahren, wenn sie die Dinge ordentlich der Reihe nach erledigten! Das nordische Runenzeichen ist *Laguz*, das für sanfte, einfallsreiche, verständnisvolle Menschen steht. Später erfolgt ein Wechsel zu *Inguz*. Wurdest du unter diesem Zeichen geboren, bist du ein sehr liebevoller Mensch und legst Wert auf ein harmonisches Zuhause.

Mai ~ Zwillinge

ab 22.

Das Luftzeichen *Zwillinge* ist gesellig, gesprächig, intelligent und vielseitig interessiert. Nur seine Freunde sollte sich die Zwillingsfrau manchmal ein wenig sorgfältiger aussuchen! Da ist es nur gut, dass die chinesische *Schlange* wichtige Dinge gern für sich behält, während sie sich nach außen hin offen und freundlich gibt. Das passive Feuerelement verleiht ihr einen Hauch von Glamour – Schlangen lieben es, im Rampenlicht zu stehen, und umgeben sich gern mit wichtigen oder faszinierenden Menschen. Das vedische Zeichen *Mesha* wiederum verleiht ein gehöriges Maß an Abenteuerlust. *Vrishaba*-Frauen dagegen sind in dieser Hinsicht zurückhaltender – sie sind eher für ihre Ausdauer berühmt. Das Haus *Parnavasu* sorgt für ein lebhaftes Wesen und eine wache Intelligenz. Wurdest du stattdessen unter dem Haus *Pushya* geboren, hast du eine besonders fürsorgliche, liebevolle Art. Die indianische *Hirschfrau* aus dem Schmetterlings-Clan ist die beste Freundin, die man sich denken kann. Stets hat sie ein offenes Ohr für andere und erteilt ihnen Ratschläge, ohne sie zu verurteilen. Nur manchmal ist sie ein wenig launisch. Das westafrikanische Zeichen des *Markts* wiederum weist auf sehr vernunftbetonte Personen hin. Sie gehen keine Beziehungen ein, die keine Zukunft haben. Die keltische *Kastanie* ist vielseitig begabt, wenn auch bisweilen etwas sprunghaft. Auch die *Esche* ist eine Person mit vielen Fassetten – vielleicht führt sie sogar ein regelrechtes Doppelleben? Das nordische Runenzeichen *Inguz* dagegen steht für absolute Treue: Inguz-Geborene legen großen Wert auf ihre Familie. Wer dagegen unter dem Zeichen *Othila* zur Welt kam, kann ausgezeichnet mit Geld umgehen. Solche Menschen lieben es, sich damit zu beschäftigen, und wissen es Gewinn bringend anzulegen.

Juni ~ Zwillinge

1. bis 21.

Als Luftzeichen *Zwillinge* bist du ein regelrechtes Kommunikationstalent und besitzt die Fähigkeit, viele Dinge gleichzeitig zu erledigen. Das chinesische *Pferd* wiederum steht für große Überzeugungskraft, aber auch für Reiselust und Freiheitsdrang. Dies wird durch das aktive Feuer noch verstärkt, das dich ein sehr bewegtes Leben führen lässt. Das vedische Zeichen *Vrishaba* übt einen beruhigenden Einfluss aus und hilft dir dabei, auch in Krisenzeiten an Freundschaften festzuhalten und bei Misserfolgen in Schule und

Beruf nicht gleich die Flinte ins Korn zu werfen. Menschen, die unter diesem Zeichen geboren wurden, sind nicht nur intelligent, sondern auch sehr geschickt mit den Händen. Das vedische Haus *Pushya* symbolisiert die fürsorgliche und liebevolle Seite dieses Charakters, der häufig eine starke soziale Ader hat. Es folgt der Wechsel zu

Ashlesha, das dich als Idealistin ausweist. Der indianische *Hirsch* aus dem Schmetterlings-Clan steht gern im Mittelpunkt – in seiner Nähe wird es niemals langweilig! Zum Schluss erfolgt jedoch ein Wechsel zum wesentlich zurückhaltenderen, häuslichen *Specht* aus dem Frosch-Clan. Das westafrikanische Zeichen *Der Markt* macht dich himmelhoch jauchzend und dann wieder zu Tode betrübt. Es wechselt zum Zeichen *Der Vorfahre*: Er steht für eine geborene Idealistin, die anderen mit Rat und Tat zur Seite steht. Das erste keltische Baumzeichen ist die *Esche*; sie weist auf eine vielseitige Persönlichkeit hin, die sich leider häufig die falschen Freunde sucht. Es folgt ein Wechsel zur *Hagebuche*, die für Charme und Verantwortungsgefühl steht. Das nordische Runenzeichen *Othila* wiederum deutet auf Wohlstand hin. Das darauf folgende Zeichen ist *Dagaz*: Menschen, die in diesem Zeitraum geboren wurden, bringen es durch herausragende Leistungen zu großem Erfolg und beachtlichem Vermögen.

Juni ~ Krebs

ab 22.

Das Wasserzeichen *Krebs* ist sehr häuslich und fühlt sich in der Familie oder unter seinen Freunden am wohlsten. Krebsfrauen können gut mit Geld umgehen – Spontankäufe sind nicht ihre Art. In den Ferien gehen Krebse gern auf Reisen – am liebsten jedoch in der Gruppe. Auch das chinesische *Pferd* ist reiselustig; das aktive Feuerelement verleiht ihm dafür einen gehörigen Sinn fürs Abenteuer. Wurdest du unter diesem Zeichen geboren, gibt es für dich nichts Schlimmeres als Routine und Langeweile. Das vedische Zeichen *Vrishaba* wiederum verleiht dir eine künstlerische Ader und macht dich zu einer ausgezeichneten Köchin. Auch mit Pflanzen kannst du hervorragend umgehen. Im Gegensatz zu den vorhergehenden Zeichen hast du jedoch durchaus das Bedürfnis nach einem geordneten Leben. Ganz anders wiederum das Zeichen *Mithuna*, das ebenso redselige wie ruhelose Charaktere hervorbringt. Das vedische Haus *Ashlesha* steht für ein Interesse an spirituellen Dingen und für Idealismus. Das Haus *Magha* dagegen signalisiert künstlerisches Talent, allerdings auch einen Anflug von Arroganz. Indianische *Spechte* aus dem Frosch-Clan sind liebevolle Menschen, die sehr an ihren Freunden hängen. Darüber hinaus sind Spechtfrauen sehr musikbegeistert. Das westafrikanische Zeichen *Der Vorfahre* setzt sich sehr hohe Ziele und ist oft enttäuscht, wenn sie sich nicht erreichen lassen. Der keltische *Feigenbaum* wiederum steht gern im Mittelpunkt; auf ihn folgt bald die *Birke*, der man künstlerisches Talent und einen gesunden Menschenverstand nachsagt. Zum Schluss folgt der *Apfelbaum* – in der Regel symbolisiert er ein echtes Gewohnheitstier, das es gar nicht mag, wenn es auf unvorhergesehene Ereignisse reagieren muss. Das nordische Runenzeichen *Dagaz* wiederum steht für Idealismus, *Fehu* dagegen für Wohlstand.

Juli ~ Krebs

1. bis 22.

Kein Mensch ist eine Insel – und dies gilt ganz besonders für all jene, die unter dem Wasserzeichen *Krebs* geboren wurden: Sie müssen ihre Liebsten stets um sich scharen. Auf Grund ihres gesunden Menschenverstands sind sie ausgezeichnete Geschäftsleute.

Das chinesische Zeichen *Ziege* wiederum ist kreativ und fleißig, als passives Erdelement kann sie in Schule und Beruf große Erfolge feiern. Das vedische Zeichen *Mithuna* lässt sie schnell neue Freundschaften schließen und macht sie in ihrem Umfeld sehr beliebt. Leider neigt sie manchmal dazu, launisch zu sein. Das vedische Haus *Magha* sorgt für eine starke Persönlichkeit: Wurdest du unter diesem Zeichen geboren, tust du dich leicht auf andere zuzugehen. Das Haus *Purva Phagune* lässt dich sehr attraktiv wirken, allerdings solltest du aufpassen dich nicht zu überschätzen. Der indianische *Specht* aus dem Frosch-Clan wiederum hat ein großes Sicherheitsbedürfnis, was dazu führen kann, dass er sich zu sehr von der Liebe und Freundschaft anderer abhängig macht. Das Zeichen wechselt schon bald zu dem alle bezaubernden *Lachs* aus dem Habichts-Clan. Das westafrikanische Zeichen *Der Vorfahre* macht eine geborene Anführerin aus dir; wird es vom *Richter* abgelöst, ist dies umso mehr der Fall: Was du dir einmal in den Kopf gesetzt hast, erreichst du auch! Als keltisches Baumzeichen herrscht als Erstes der *Apfelbaum*, der Anmut und Stil symbolisiert. Es folgt die *Tanne*, die auf eine ehrgeizige Persönlichkeit hinweist, unter deren harter Schale sich jedoch ein weicher Kern verbirgt. Das letzte keltische Baumzeichen ist die *Ulme*, die auf eine gewisse Naivität schließen lässt. Das nordische Runenzeichen *Fehu* bringt Glück und Wohlstand und zeugt von Großzügigkeit; während Menschen, die unter dem Zeichen *Uruz* geboren wurden, ganz besonders wild und leidenschaftlich sein können.

Juli ~ Löwe

ab 22.

Das heitere, offene Feuerzeichen *Löwe* ist ehrgeizig und liebt die schönen Dinge des Lebens. Löwen sind großzügig, freundlich und haben viel Sinn für Humor. Das chinesische Zeichen der passiven *Erd-Ziege* wiederum steht für eine künstlerische Ader und die Fähigkeit, hart arbeiten zu können. Das Erdelement krönt ihre Bemühungen mit Erfolg, verleiht ihr einen scharfen Verstand und macht sie zu einem sehr tierlieben Menschen. Wurdest du unter dem vedischen Zeichen *Mithuna* geboren, bist du äußerst kontaktfreudig – einem romantischen Flirt bist du nicht abgeneigt! Mithuna wechselt schließlich zu *Karkarta*: Menschen, die unter diesem Zeichen geboren sind, haben ein großes Bedürfnis nach Sicherheit und Geborgenheit. Das erste Haus für dieses Zeichen ist *Purva Phagune*, das dich als einen sehr leidenschaftlichen Menschen ausweist. Es folgt *Uttara Phalguni*, das für rasche Auffassungsgabe und Großzügigkeit steht, es weist aber auch darauf hin, dass du dir bisweilen die falschen Freunde aussuchst. Das indianische Zeichen *Lachs* aus dem Habichts-Clan wiederum lässt dich deine Ziele hartnäckig verfolgen. Aus diesem Grund machen sich Lachse nicht nur Freunde, obwohl sie eigentlich sehr großzügig sind. Das westafrikanische Zeichen *Der Richter* deutet auf einen starken Willen hin. In diesem Zeitraum Geborene sind regelrechte Energiebündel. Das erste keltische Baumzeichen ist die stattliche *Ulme*, die schroff erscheinen kann. Dabei ist sie im Grunde sehr sensibel und möchte nur nicht von anderen verletzt werden. Es folgt die *Zypresse*, die man überall dort trifft, wo etwas los ist. Das nordische Runenzeichen *Uruz* wiederum steht für Menschen, die von einem Abenteuer ins nächste stolpern – Langeweile ist für sie ein Fremdwort. Am letzten Tag folgt *Thurisaz*, ein Zeichen für eine starke Persönlichkeit.

August ~ Löwe

1. bis 23.

Der leidenschaftliche und feurige *Löwe* zeichnet sich nicht nur durch Großzügigkeit, Humor und Güte aus, sondern ist auch äußerst tierlieb. Das chinesische Zeichen *Affe* wiederum macht dich erfinderisch und überaus geschäftstüchtig, während das aktive Element Metall dafür sorgt, dass man dich nicht so leicht um den Finger wickeln kann. Das vedische Zeichen *Karkarta* sorgt für

Sensibilität und das Bedürfnis, abends in ein gemütliches Zuhause zurückzukehren. Das vedische Haus *Uttara Phalguni* trägt eine schnelle Auffassungsgabe bei, Großzügigkeit und die Chance, große Erfolge zu erzielen. Es wechselt zu *Hasta*, das dir großen Charme bescheinigt. Du bist allseits beliebt, auch wenn es immer Leute geben wird, die hinter deinem Rücken schlecht über dich reden. Der indianische *Lachs* aus dem Habichts-Clan macht dich zur Respektsperson, auch wenn du in deinem tiefsten Inneren eigentlich sehr sensibel bist. Auf ihn folgt der *Braunbär* aus dem Schildkröten-Clan, der ebenfalls eine harte Schale, aber einen weichen Kern hat. Das westafrikanische Zeichen *Der Richter* steht für deinen starken Willen und die Fähigkeit, aus der Vergangenheit zu lernen. Schon bald wechselt es jedoch zur wesentlich sensibleren *Kolanuss*. Die keltischen Baumzeichen beginnen mit der *Zypresse*, die möchte, dass man sie so liebt, wie sie ist; schon bald folgt der Wechsel zur *Pappel*, einer sehr hilfsbereiten Natur, die aufpassen muss, dass sie ihre eigenen Bedürfnisse nicht aus den Augen verliert. Zum Schluss folgt die *Zeder*, eine lebhafte, unternehmungslustige Persönlichkeit. Das nordische Runenzeichen ist zunächst *Thurisaz*, das dich zu einer geborenen Anführerin macht. Darauf folgt *Ansuz*: Wurdest du unter diesem Zeichen geboren, hast du ein großes Sicherheitsbedürfnis und magst es gar nicht, wenn du mit unerwarteten Dingen konfrontiert wirst.

August ~ Jungfrau

ab 24.

Als Erdzeichen *Jungfrau* besitzt du einen messerscharfen Verstand und bist noch dazu praktisch veranlagt. Du hast eine literarische Ader, bist kommunikativ, neigst jedoch zum Perfektionismus. Kein noch so kleines Detail entgeht dir. Das aktive chinesische Metallzeichen *Affe* wiederum steht für Unabhängigkeit, Willenskraft, gesunden Menschenverstand und Organisationstalent. Das vedische Zeichen *Karkarta* dagegen signalisiert eine eher vorsichtige Natur mit großem Sicherheitsbedürfnis, die viel Wert auf stabile Freundschaften legt. Das wechselt zu *Simha*: Menschen, die unter diesem Zeichen geboren wurden, sind sehr kreativ und können auf künstlerischem Gebiet überaus erfolgreich sein. Im Nu gelingt es ihnen, ein stilvolles Zuhause zu schaffen. Manche von ihnen neigen zu Arroganz und machen gern viel Wind um sich. Das vedische Haus *Chitra* weist auf Erfolg und Reichtum hin, auf großen Wissensdurst und die Liebe zur Kunst. Das indianische Zeichen *Braunbär* aus dem Schildkröten-Clan wiederum steht für ein freundliches Wesen und für viel Sinn für Humor. Braunbären sind äußerst wissbegierig und vielseitig interessiert. Hilfsbereit, wie sie sind, neigen sie manchmal dazu, sich von anderen ausnutzen zu lassen, oder vergeuden ihr Talent, indem sie Menschen helfen, denen sowieso nicht mehr zu helfen ist. Das westafrikanische Zeichen *Kolanuss* macht Lust auf Veränderung – unter diesem Zeichen Geborene sind sehr entscheidungsfreudig. Das keltische Baumzeichen *Kiefer* dagegen steht für Zurückhaltung, Introvertiertheit, Bescheidenheit und Ruhe. Und trotzdem: Kieferfrauen sind egoistischer, als andere glauben. Das nordische Runenzeichen *Ansuz* sorgt für Redegewandtheit und ein starkes intellektuelles Interesse; wurdest du stattdessen unter dem Zeichen *Raidho* geboren, bist du offen und ehrlich und suchst stets nach der Wahrheit.

September ~ Jungfrau

1. bis 22.

Das Erdzeichen *Jungfrau* hat eine schnelle Auffassungsgabe und hinterfragt die Dinge gern. So gesehen wärst du die ideale Wissenschaftlerin! Du solltest jedoch aufpassen, dich nicht zu sehr im Detail zu verlieren. Das rezeptive Element Metall im chinesischen Horoskop sorgt für Ehrgeiz und macht Lust auf Neues – viele Schauspieler und Künstler werden von diesem Element beherrscht. Das Zeichen *Hahn* bringt noch mehr Glanz und Glamour, verleiht dir jedoch auch ein offenes, ehrliches Wesen. Trotzdem: Ein bisschen mehr Bescheidenheit würde dir bisweilen gut tun. Das vedische Zeichen *Simha* steht ebenfalls für Ehrlichkeit und für die Sehnsucht nach einer harmonischen Familie. Das erste vedische Haus ist *Chitra*, das Erfolg verheißt und dein Interesse an der Kunst und der Wissenschaft wecken kann. Es wechselt schon bald zu *Swati*, das dir ebenfalls künstlerischen Erfolg und eine gehörige Portion Selbstbewusstsein verleiht. Am Ende steht das gesellige Haus *Vashaka*, das dir eine hohe Konzentrationsfähigkeit bescheinigt. Der indianische *Braunbär* aus dem Schildkröten-Clan steht für Intelligenz, Neugier, Realismus und Humor. Die westafrikanische *Kolanuss* kann dich launisch machen, gibt dir aber auch einen sechsten Sinn, der dir hilft kluge Entscheidungen zu fällen. Es folgt *Der Reisende*, der dich in der Tat lange und ausgedehnte Reisen unternehmen lässt. Das erste keltische Baumzeichen ist die *Kiefer*, die auf Leidenschaften hinweist, die unter der Oberfläche brodeln. Auf sie folgt der *Weidenbaum*, der für viel Intuition steht. Der letzte keltische Baum ist die *Linde*, die großen Ehrgeiz und Organisationstalent signalisiert. Hinter ihrer rauen Schale verbirgt sich ein weicher Kern. Das nordische Runenzeichen ist *Raidho*; es steht für die Erfahrungen, die du auf deinen Reisen machen wirst. Ihm folgt *Kaunaz*, das erfinderisch macht.

September ~ Waage

ab 23.

Das Luftzeichen *Waage* hat ein gutes Herz und ist eine richtige Künstlernatur. Waagen können sich bisweilen schwer entscheiden. Doch haben sie erst einmal ihre Wahl getroffen, so führt sie diese meist zum Erfolg. Der chinesische *Hahn* steuert Sinn für Humor und ein freundliches Wesen bei, kann aber auch eigensinnig machen. Durch das passive Element Metall zieht es viele unter diesem Zeichen Geborene zur Kunst oder Schauspielerei. Das vedische Zeichen *Simha* verstärkt den Wunsch, sich zwischen schillernden Persönlichkeiten zu tummeln, wird jedoch bald darauf vom ernsteren Zeichen *Kanya* abgelöst, das auf einen messerscharfen Verstand hinweist. Das Haus *Vashaka* sorgt ebenfalls für Schlauheit und ein angenehmes Wesen, steht aber auch für die Kraft, Hindernisse zu überwinden. Wer unter diesem Haus Geborene einmal verletzt hat, wird mit erbitterter Feindschaft bekämpft. Der indianische *Rabe* aus dem Schmetterlings-Clan wiederum verleiht dir ein freundliches, hilfsbereites Wesen. Er sorgt dafür, dass du aus dem Bauch heraus die richtigen Entscheidungen fällst. Doch aufgepasst: Als Schmetterling neigst du dazu, manchmal ein wenig flatterhaft zu sein. Das westafrikanische Zeichen *Der Reisende* macht Fernweh: Dich zieht es in die weite Welt hinaus. Das keltische Baumzeichen *Olivenbaum* steht für Intelligenz und Ausgeglichenheit: Du hast eine gute Ausstrahlung und ziehst die Menschen schnell in deinen Bann. Es folgt der *Haselnussbaum*, eine charmante, manchmal jedoch nervöse Person. Das nordische Runenzeichen *Kaunaz* wiederum steht für große Wissbegierde. Du verfügst über Forschergeist und Entdeckerfreude. Wenn dich etwas wirklich interessiert, vergisst du alles andere um dich herum. Am letzten Septembertag herrscht das Zeichen *Gebo*, das auf Großzügigkeit und ein hilfsbereites Wesen hinweist.

Oktober ~ Waage

1. bis 19.

Die freundliche, bisweilen ein wenig unentschlossene *Waage* ist ein Luftzeichen, was ihr einen messerscharfen Verstand und eine künstlerische Ader verleiht. Das chinesische Zeichen für diesen Monat ist der *Hund*, der sie zu einem ausgezeichneten Ratgeber macht. Gutmütig wie sie ist, muss sie allerdings aufpassen, dass man ihre Hilfsbereitschaft nicht ausnutzt. Das aktive Erdelement sorgt für Kreativität und einen Sinn fürs Praktische: Dementsprechend begabt, lässt der Erfolg nicht lange auf sich warten. Das vedische Zeichen *Kanya* macht dich bescheiden und fleißig – deine zuweilen ein wenig perfektionistische Art kann anderen jedoch manchmal auf die Nerven gehen. Das Haus *Anuradha* steht für eine Lebenskünstlerin mit unregelmäßigen Einkünften und einem sehr hilfsbereiten Wesen. Es folgt *Jyestha*, das schon viele hochintelligente Machtmenschen hervorgebracht hat. Der indianische *Rabe* aus dem Schmetterlings-Clan wiederum verleiht dir einen sechsten Sinn und macht dich sehr sensibel. Das westafrikanische Zeichen *Der Reisende* kann zu Fernweh führen, wechselt jedoch schon bald in das Zeichen *Die Entfernung*. Das steht für Erfolg, vorausgesetzt man schafft es, seine Ängste zu überwinden. Die keltischen Baumzeichen beginnen mit dem *Haselnussbaum*, der Leidenschaft und Charisma symbolisiert. Auf ihn folgt die *Esche*; sie steht für eine starke Persönlichkeit, die sehr verschwiegen sein kann. Der *Ahorn* weist ebenfalls auf eine intelligente und unabhängige Persönlichkeit hin, die nach ihren eigenen Regeln leben möchte. Das letzte Baumzeichen ist der *Walnussbaum*, der großen Mut verheißt, aber auch die Sehnsucht nach einer harmonischen Familie. Das nordische Runenzeichen *Gebo* trägt Großzügigkeit, Hilfsbereitschaft und eine gehörige Portion Glück bei. Es wechselt zu *Wunjo*, das vor allem Glück in der Liebe verspricht.

Oktober ~ Skorpion

ab 24.

Das Wasserzeichen *Skorpion* ist ein richtiges Energiebündel – viele Politiker wurden unter diesem Zeichen geboren. Das chinesische Zeichen ist das aktive Erdzeichen *Hund*, das auf eine überaus hilfsbereite und gutmütige Persönlichkeit hinweist. Sie muss jedoch aufpassen, dass man sie nicht ausnutzt. Das vedische Zeichen *Kanya* steht für die Liebe zum Detail und ein großes Interesse an Büchern und Musik. Darauf folgt das künstlerische Zeichen *Thula*, das für Unentschlossenheit stehen kann, aber auch für Geschäftstüchtigkeit und Stilsicherheit. Das Haus *Jyestha* verleiht dir Intelligenz und viel Erfolg in Schule und Beruf. Das indianische Zeichen ist die *Schlange* aus dem Frosch-Clan, die ebenfalls auf eine hochintelligente Persönlichkeit hinweist. Manche Schlangen neigen jedoch zu einem etwas launischen Verhalten, mit dem Freunde und Familie so ihre Schwierigkeiten haben. Andererseits sind Schlangen äußerst anpassungsfähige Menschen, was ihnen so manchen Vorteil verschafft. Bist du unter dem westafrikanischen Zeichen *Der Abstand* geboren, bist du höchstwahrscheinlich ein äußerst impulsiver Mensch. Du liebst Veränderungen und sorgst dafür, dass das Leben niemals langweilig wird. Das keltische Baumzeichen wiederum ist der charismatische *Walnussbaum*; Walnussbaumfrauen sind fleißig und gewissenhaft, sparen anderen gegenüber jedoch nicht mit Kritik. Auf Grund ihres bestechenden Charmes und ihres attraktiven Äußeren wirken sie auf ihre Umwelt dennoch äußerst anziehend. Was Liebe und Freundschaft anbelangt, können sie allerdings recht flatterhaft sein. Das nordische Runenzeichen ist *Hagalaz*; wurdest du unter diesem Zeichen geboren, wird es in deinem Leben ziemlich stürmisch zugehen; doch auf Grund deiner vielseitigen Begabungen gelingt es dir immer wieder, das Beste aus jeder Situation zu machen.

November ~ Skorpion

1. bis 22.

Als Wasserzeichen *Skorpion* kennst du keinen Mittelweg – wenn du liebst, dann richtig, und wenn du jemanden nicht leiden kannst, machst du aus deinen Gefühlen auch keinen Hehl. Das chinesische Zeichen für diesen Monat ist das *Schwein*, das dich harmloser wirken lässt, als du bist: Stille Wasser sind tief! Skorpionfrauen arbeiten lieber hinter den Kulissen, anstatt sich im Rampenlicht zu sonnen. Das vedische Zeichen *Thula* weckt die Liebe zu Kunst und Musik, kann aber auch für Unentschlossenheit sorgen. Das erste Haus ist *Jyestha*; es steht für hochintelligente Persönlichkeiten, die in Schule und Beruf sehr erfolgreich sind. Schon bald folgt *Mula*, das ebenfalls einen wachen Verstand und eine gute Urteilsfähigkeit verleiht. Daran schließt sich *Purvashada* an, das dich zu einer geborenen Anführerin mit einem ausgeprägten Gerechtigkeitssinn macht. Das indianische Zeichen *Schlange* aus dem Frosch-Clan verleiht dir das Talent, anderen etwas verständlich erklären zu können. Außerdem gibt es dir die Kraft, dein Leben zu ändern, wenn du mit etwas unzufrieden bist. Auf die Schlange folgt die *Eule* aus dem Habichts-Clan. Dieses Zeichen weist auf eine Respekt einflößende Persönlichkeit mit großer Menschenkenntnis hin. Das westafrikanische Zeichen ist entweder *Die Entfernung*, die dich sehr leidenschaftlich macht, oder *Das Kind der Welt*, das für Großzügigkeit und Begeisterungsfähigkeit steht. Das keltische Baumzeichen ist der *Walnussbaum*, der Mut, Verständnis und Sehnsucht nach Harmonie signalisiert. Es folgt ein Wechsel zur *Eibe*, hinter deren ruhiger Oberfläche es ganz schön brodeln kann. Auch die *Kastanie* verbirgt ihre Entschlossenheit hinter einer schüchternen Fassade. Das nordische Runenzeichen *Hagalaz* lässt auf ein Leben mit vielen Aufs und Abs schließen. Schließlich folgt *Nauthiz* und sorgt für eine gehörige Portion Glück.

November ~ Schütze

ab 23.

Das Feuerzeichen *Schütze* zeichnet sich durch eine begeisterungsfähige, humorvolle und großzügige Persönlichkeit aus. Die Schützefrau hat ein großes Freiheitsbedürfnis und liebt es, viel in der Welt herumzukommen. Das passive chinesische Wasserzeichen *Schwein* lässt dich zunächst naiv wirken, doch auf den zweiten Blick wird man feststellen, dass du immer ganz genau weißt, was du tust. Du hast eine künstlerisch-musikalische Ader und merkst, wann du eine gute Gelegenheit beim Schopf ergreifen musst. Das vedische Zeichen ist *Vrishchika*; es macht dich zu einer verschwiegenen Vertrauten, die weiß, wann es besser ist, den Mund zu halten. Das Haus *Uttarashada* verstärkt dein musikalisches und künstlerisches Talent. Viele berühmte Balletttänzerinnen wurden von diesem Hause beherrscht. Vielseitig begabt, wie du bist, fallen dir viele Dinge in den Schoß. Wenn du jedoch wirklich Erfolg haben willst, musst du auch etwas dafür tun – selbst, wenn es schwer fällt! Das indianische Zeichen ist die *Eule* aus dem Habichts-Clan, die als Mädchen eher schüchtern ist, später jedoch immer kontaktfreudiger wird. *Eulen* haben einen überaus stark ausgeprägten Sinn für Gerechtigkeit. Sie behandeln ihre Mitmenschen freundlich, behalten ihre wahren Gefühle jedoch lieber für sich. Das westafrikanische Zeichen *Das Kind der Welt* wiederum sorgt für Begeisterungsfähigkeit und ein liebevolles Umfeld. Das keltische Baumzeichen ist die *Esche*, die je nach Bedarf zurückhaltend und nachgiebig, aber auch selbstbewusst und kritisch sein kann. Das erste nordische Runenzeichen ist *Nauthiz*: Es weist darauf hin, dass dir das Leben noch so manche Lektion erteilen wird, du das Glück jedoch immer auf deiner Seite hast. Am letzten Tag erfolgt ein Wechsel zu *Isa*, das für ein Leben in ruhigeren Bahnen steht und für die Fähigkeit, auf ein bestimmtes Ziel hinzuarbeiten.

Dezember ~ Schütze

1. bis 21.

Der Monat beginnt mit dem heiteren, freundlichen Feuerzeichen des *Schützen*. Schützefrauen haben einen sehr großen Freiheitsdrang.

Das chinesische Zeichen für den Dezember ist das aktive Wasserzeichen *Ratte*, der auch in kniffligen Situationen Erfolg beschieden ist. Das aktive Wasserelement sorgt dafür, dass die Ratte immer weiß, wo etwas zu holen ist, und ein glückliches Händchen für Geld hat. Das vedische Zeichen *Vrishchika* wiederum verleiht ihr eine gewisse Verschwiegenheit. Zudem steht es für Intelligenz, Intuition und Vorsicht. Das erste Haus ist *Uttarashada*, das dich zu einer geborenen Anführerin macht und dir eine musikalische Begabung sowie ein gutes Rhythmusgefühl verleiht. Darauf folgt *Shravana*, das eine mutige und ehrgeizige Natur mit guten Erfolgsaussichten signalisiert. Als letztes Haus folgt *Dhanishta*. Es zeugt von einem spirituellen Interesse. Das indianische Zeichen ist die *Eule* aus dem Habichts-Clan, die eine eher verschlossene, Respekt einflößende Persönlichkeit ist. Das westafrikanische Zeichen *Das Kind der Welt* bedeutet, dass man seine Verpflichtungen anderen gegenüber ernst nimmt und bei Schwierigkeiten auf die Hilfe von Freunden und Familie vertrauen kann. Darauf folgt das Zeichen *Die Ernte und der Kornspeicher*, das auf ein angenehmes Leben hinweist, es warnt jedoch auch vor Überheblichkeit. Wurdest du unter dem keltischen Baumzeichen *Esche* geboren, wirst du in der Liebe oft enttäuscht, bis du lernst, wer wirklich zu dir passt. Auf sie folgt die charmante *Hagebuche*, eine heitere und freundliche Persönlichkeit. Der *Feigenbaum* steht für eine äußerst attraktive Person, die viel Wert auf ihre Unabhängigkeit legt und großes Verständnis für ihre Mitmenschen hat. Das nordische Runenzeichen *Isa* weist auf eine kühlere Natur hin, die sich gern genaue Ziele setzt und diese auch erreicht. *Jera* schließlich bringt Glück in Liebe und Beruf.

Dezember ~ Steinbock

ab 22.

Das Erdzeichen *Steinbock* ist sehr ehrgeizig und hat auch für Freunde und Verwandte große Pläne. Als Steinbockfrau weißt du, wie schwierig das Leben sein kann. Deshalb arbeitest du hart und wirfst dein Geld nicht leichtsinnig zum Fenster hinaus. Das chinesische Zeichen *Ratte* verleiht dir Gelassenheit, hinter der sich jedoch eine große Entschlossenheit verbirgt. Das aktive Wasserelement gibt dir einen gesunden Menschenverstand und die Fähigkeit, offen auf andere zuzugehen. Das vedische Zeichen ist zunächst *Vrishchika*, das auf ein leidenschaftliches Wesen hinweist, das du jedoch hinter einer kühlen Fassade zu verstecken suchst. Dann erfolgt ein Wechsel zum Zeichen *Dhanus*, das dich als humorvolle, abenteuerlustige Person ausweist. Das Haus ist *Danishta*, das ein Interesse für spirituelle Dinge signalisiert, aber auch großes schriftstellerisches Talent und Erfolg in Schule und Beruf. Das indianische Zeichen *Schneegans* aus dem Schildkröten-Clan schenkt dir eine überbordende Fantasie, sorgt jedoch gleichzeitig dafür, dass du nie den Boden unter den Füßen verlierst. Schneegänse dagegen sind sehr sensibel und deshalb schnell beleidigt. Das westafrikanische Zeichen *Die Ernte und der Kornspeicher* steht für vorausschauendes Denken und sorgt dafür, dass du auch in schlechten Zeiten den Kopf nicht hängen lässt. Der keltische *Apfelbaum* verweist auf einen sehr kunstsinnigen Menschen mit einem großen Harmoniebedürfnis. Es folgt ein Wechsel zur eleganten und ehrgeizigen *Hagebuche*, die jedoch ein wenig kühl und distanziert wirken kann, wenn man sie nicht näher kennt. Das nordische Runenzeichen *Jera* verspricht Glück und die Sehnsucht nach einem harmonischen Zuhause, gefolgt von *Ehwaz*, das für eine umsichtige Persönlichkeit steht, die Schwächere gern in Schutz nimmt. Manchmal neigt sie allerdings dazu, ein klein wenig besitzergreifend zu sein.

Die Ratschläge in diesem Buch wurden von der Autorin und dem Verlag sorgfältig geprüft, dennoch kann eine Garantie nicht übernommen werden. Eine Haftung der Autorin bzw. des Verlages und seiner Beauftragten für Personen-, Sach- oder Vermögensschäden ist ausgeschlossen.

Die Deutsche Bibliothek – CIP-Einheitsaufnahme

Ein Titeldatensatz für diese Publikation ist bei
Der Deutschen Bibliothek erhältlich

3 2 1 04 03 02

Titel der Originalausgabe: Astrology.
A Guide to Eastern and Western Horoscopes
Illustrationen: Penny Lovelock und Sue Ninham

Übersetzung: Gina Beitscher
Umschlaggestaltung: vitamin_Be
Produktion: Herstellungs- und Redaktionsgemeinschaft
Sabine Dohme und Christiane Burkhardt, München
Printed in Germany
ISBN 3-473-35918-1

www.ravensburger.de